小公司
股权合伙
一本通

金晓玲 ——————— 著

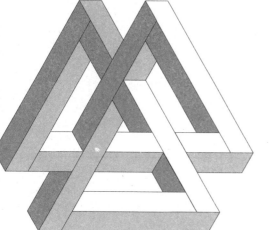

民主与建设出版社

·北京·

© 民主与建设出版社，2024

图书在版编目（CIP）数据

小公司股权合伙一本通 / 金晓玲著 . -- 北京：民
主与建设出版社 , 2024.4
ISBN 978-7-5139-4543-1

Ⅰ . ①小… Ⅱ . ①金… Ⅲ . ①股份有限公司—企业管
理—研究 Ⅳ . ① F276.6

中国国家版本馆 CIP 数据核字（2024）第 057945 号

小公司股权合伙一本通
XIAO GONGSI GUQUAN HEHUO YIBENTONG

著　　者	金晓玲	
责任编辑	金　弦	
装帧设计	尧丽设计	
出版发行	民主与建设出版社有限责任公司	
电　　话	（010）59417747　59419778	
社　　址	北京市海淀区西三环中路 10 号望海楼 E 座 7 层	
邮　　编	100142	
印　　刷	衡水翔利印刷有限公司	
版　　次	2024 年 4 月第 1 版	
印　　次	2024 年 4 月第 1 次印刷	
开　　本	670mm×950mm　1/16	
印　　张	12	
字　　数	100 千字	
书　　号	ISBN 978-7-5139-4543-1	
定　　价	49.80 元	

注：如有印、装质量问题，请与出版社联系。

　　小公司小而美，承载着人们的创业梦想，很多著名的大公司皆由小公司发展而来。

　　小公司数量众多，分布于各行各业，其产品贴合客户需求、灵活性强，重视技术创新，是市场中不容忽视的重要力量。将小公司做大做强是每个创始人的美好愿望，如何突破创业瓶颈、补齐短板是小公司发展必然会遇到的挑战。

　　进入移动互联时代，小公司的创始人需要将合作伙伴、人才和资金聚集在自己身边，而传统的劳动关系已经难当大任，股权合伙则是小公司的最佳选择。

股权合伙兼顾股东和合伙人的身份特点,股东像合伙人一样共同投资,共同参与公司的经营和管理,共同承担经营风险,共同分享经营收益。在这种制度下,小公司创始人能够收获志同道合的合作伙伴,股权合伙人能够获得内心的归属感和付出的成就感。

公司创始人在小公司处于核心地位,其管理理念对于小公司的发展和走向至关重要。本书立足于帮助小公司进行股权合伙制度的构建,帮助创始人寻找、选择优秀的合伙人;介绍合伙人股权设计的主要内容、原则和思路;引导创始人开启股权设计的实践;为确保创始人对公司的控制权而提供诚恳务实的建议;提醒创始人在创业之初就要审慎建立合伙人的进入和退出机制;并就创始人构建与股权合伙架构相匹配的管理体制、股权激励设计以及防范相关法律和税务风险给出具体、明晰的方案。

本书主要具有如下特色。

1. 注重合法性。本书以 2023 年 12 月 29 日修订的《公司法》为依据，关注股权合伙领域呈现的新问题，力求帮助小公司创始人了解并领会我国公司法的相关规定和立法精神，确保其在法律框架内构建符合自身特点的股权合伙制度。

2. 注重实用性。为小公司创始人提供具有较强实践价值的股权合伙设计方案，使其与合伙人建立和谐稳定的合作关系；助力小公司高效实现由"传统雇佣制"向"股权合伙制"的转变，早日进入高速发展的"新赛道"。

3. 注重系统性。小公司股权合伙制度的设计是一项系统工程，本书以"选择合伙人—合伙人股权设计的基本指引—应特别考虑的重要内容"为逻辑主线构建篇章体系，内容较为全面，重点突出，有助于小公司创始人厘清思路，并系统了解股权合伙制度设计可能产生的问题及预防策略。

　　本书由沈阳建筑大学管理学院金晓玲副教授书写完成，在书写过程中借鉴并参考了一些已出版和已发表的著作与文献，在此一并表示衷心感谢！

<<< **目　录**

Contents

第 **1** 章

小公司为什么适合股权合伙

1.1 小公司的特点

小公司数量多，涉及各行各业，为消费者提供丰富多样的产品和服务，创造了大量就业机会，为我国经济增长和社会进步做出了自己的贡献，是社会主义市场经济的重要组成部分。

本书所说的小公司，是指在我国境内依法设立，人员规模和经营规模相对较小的公司。通常可结合行业特点，根据公司从业人员、营业收入和资产总额等指标确认，参考工信部牵头制定的《中小企业划型标准规定》（工信部联企业〔2011〕300号）。以软件和信息技术服务业为例，从业人员100人以下且营业收入 1000 万元以下的公司即可认定为小公司。近年来小公司营业收入标准有提升的趋势，2021 年 4 月发布的《中小企业划型标准规定（修订征求意见稿）》中，软件和信息技术服务业小公司的营业收入已提高到 1 亿元以下。

小公司规模较小，人员比较精干，管理层级少，决策流程简单、效率高，身处激烈的市场竞争环境，对市场变化和消费者需求升级往往比较敏感，能够迅速调整产品结构和服务策略，灵活性较强。

很多小公司的创始人都懂技术，比较重视创新，因此小公司更容易接受新思想，更愿意采用新技术，是推动技术创新的重要力量。

小公司有自己的优势，也确实存在一些短板：小公司掌握的资源有限，资金不足，业务的扩张受限；小公司支付给员工的薪酬和福利往往缺乏竞争力；小公司的组织结构相对简单，复杂的大项目少，员工晋升和成长的空间不如大公司，员工的流动性较强；小公司的管理经验不足，缺乏长远的战略规划，内部控制和风险管理机制不健全，未来发展高度依赖创始人的视野和能力，存在不确定性，往往会让员工缺乏安全感；等等。

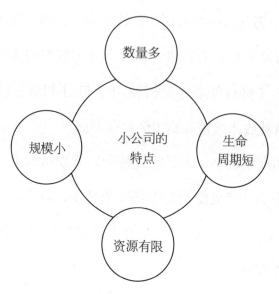

图 1-1　小公司的特点

　　不容忽视的事实是，小公司面临残酷的淘汰机制。2020 年 6 月，IDC（International Data Corporation 的简称，国际数据公司）和戴尔联合发布的《2020 年中国小企业数字初始化指数白皮书》指出，中国小企业的平均生命周期仅为 2.5 年。如何突破创业阶段的瓶颈，获得更大的生存和发展空间，是小公司创始人应当深入思考的问题。

1.2　什么是股权合伙

　　股权，即股东权利。根据《中华人民共和国公司法》(以下简称《公司法》)第四条规定，公司股东对公司依法享有资产收益、参与重大决策和选择管理者等权利。股东向公司投入资本的目的就是为了获取投资回报，具体表现为股东在公司运营过程中享有分配股利的权利，在公司清算时享有分配剩余财产的权利。现代公司制度下，所有权和经营权原则上是分离的。股东作为公司的所有者并不一定直接参与公司的日常管理，其可以通过选择管理者或对公司重大决策行使表决权，间接享有经营管理权。

合伙是指两个或两个以上的合伙人为了共同的事业目的，共同出资、共同经营、共担风险、共享利益的自愿联合形式的商业模式。股权合伙兼顾股东和合伙人的身份特点，是指两个或两个以上的股东像合伙人一样共同投资，共同参与公司的经营和管理，共同承担经营风险，共同分享经营收益。很多著名公司内部都实行合伙人制度，这些合伙人是创始人的亲密战友，为公司发展做出了巨大贡献，如阿里巴巴"十八罗汉"、腾讯"五虎将"、小米"八大金刚"、新东方"三剑客"等。由此可见，股权合伙人往往具有相同的价值观，为实现共同目标，将利益深度绑定，比股东间的合作关系要亲近得多，相互间的信任度更高。

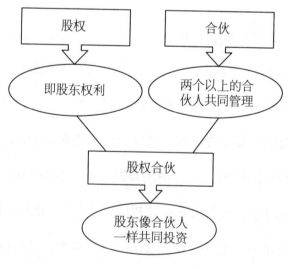

图1-2　股权合伙的形成

1.3　股权合伙的优势

　　传统的劳动关系已经不能满足移动互联时代经济发展的要求。小公司的创始人需要将人才、合作伙伴和资金聚集在自己身边，公司的组织模式需要变革。股权合伙符合现代公司发展的大趋势。

　　核心员工成为股权合伙人，对公司的责任心会大大增强，参与公司经营决策，分享公司收益，成为公司的"主人"，将个人奋斗与公司未来发展深度捆绑，真正实现与公司共同成长。在这个过程中，股权合伙人能够获得内心的归属感和付出的成就感，智慧和潜能会被大大激发，从而形成强大的内驱力，长期、持续地为公司做出更大的贡献，最大限度地实现人才的价值。核心员工成为股权合伙人之后，在本职工作之外，在公司中还拥有新角色，可开拓新的视野，扩大自身的影响力，这样的收获仅凭高薪酬是无法获得的，因此，股权合伙制更能够吸引人才、留住人才。

合伙人之间不再是上下级隶属关系，而是彼此由共同的理想和共同的利益联系起来，公司内部的金字塔式管理层级缩减，公司的整体氛围民主、和谐、友好，决策成本、沟通成本、运营成本和执行成本大幅降低，管理效率更高。

股权合伙人一定是认同公司价值观的，对公司的未来发展有共同的认知，有共同的奋斗目标，是公司强有力的支柱。找到合适的股权合伙人，公司的创始人得到的不仅仅是公司发展所需的资金和资源，更重要的是能够收获志同道合的合作伙伴，共担风险，共同进退，共创未来。合伙人之间相互尊重、相互信任和相互欣赏非常宝贵，在此基础上，融合集体智慧形成的集体决策能够弥补公司创始人个人决策的不足，在一定程度上可以使公司更好地应对和预防生产、经营中的各类风险。

股权合伙制将员工变为合伙人，将劳动关系转化为股权合伙关系，在一定程度上规避了传统雇佣制的用工风险，同时能够为公司培养一批具有使命感的优秀职业经理人，为公司未来的发展和扩张奠定了人才基础。这些职业经理人是公司文化和价值观最坚定的传承者，能够确保公司进入高速发展期后不会失控。

股权合伙人为了共同的目标，共担风险，共享收益，形成命运共同体。采用股权合伙制的小公司上下一心，持续发展动力强劲，将会顺利度过初创阶段，早日进入高速发展的成长期，实现长期成功。

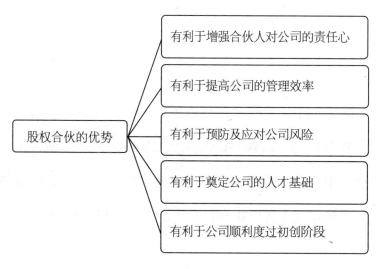

图1-3 股权合伙的优势

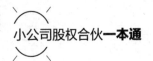

1.4　小公司适合股权合伙的六个理由

　　如前文所述，股权合伙有诸多优势，很多著名的大公司都采用股权合伙制，这容易让人误以为只有大公司才适合推行股权合伙。事实上，由小公司自身的特点和股权合伙的优势共同决定，小公司完全可以根据自身情况实行股权合伙制。

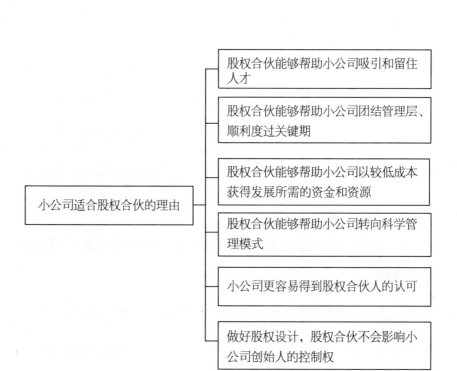

图1-4　小公司适合股权合伙的理由

1. 股权合伙能够帮助小公司吸引和留住人才

很大一部分小公司属于高科技公司，核心员工掌握的知识和技术是公司的重要资源。股权合伙能够提前锚定优秀人才，让他们和创始人突破传统的雇佣关系，处于平等地位，以极大的热情和责任心投入工作，共同推进公司健康、稳健发展。

2. 股权合伙能够帮助小公司团结管理层、顺利度过关键期

很多小公司处于初创期，所处产业为朝阳产业，前途光明，但面临自主创新能力不足，管理水平不高等挑战，此时迫切需要采取适当的激励政策稳定"军心",助力公司发展。在此关键时期,创始人如能把各部门主管发展为股权合伙人,他们必定会坚定信心,积极融入因公司发展产生的组织变革,协助创始人做好公司管理工作,助力公司早日度过初创期,进入成长阶段。

3. 股权合伙能够帮助小公司以较低成本获得发展所需的资金和资源

小公司生存期短的主要原因在于创始人掌握的资金和资源往往有限,不足以支撑其进一步发展。引入合适的外部股权合伙人,能够有效整合资金和各类资源,将个人力量转化为组织力量,在实现共同目标的过程中实现个人目标。

4. 股权合伙能够帮助小公司转向科学管理模式

创始人在小公司中具有不可撼动的地位,容易走向"独裁",容易引发公司内的利益冲突,导致劳动关系紧张。小公司也非常容易转化为家族公司,排斥优秀人才进入核心管理层,或使家庭矛盾深入公司,决策风险较大。这些问题与现代公司制度所要求的科学管理相去甚远,不利于小公司做大做强。实行股权合伙,或引入外部合伙人,或提拔内部优秀人才成为合伙人,能够在公司内部形成合作共赢、目标一致、共同奋斗的氛围。合伙人在共同理想的指引下，各有所长、各司其职，既有授权和分权，也有集体决策，公司的核心竞争力必将得到提升，经营效益向好，抵抗风险能力逐步增强。

5. 小公司更容易得到股权合伙人的认可

小公司所需投资相对较少，一般倾向于采用轻资产运营模式，即将资金和精力集中于核心业务，将非核心业务外包；选择互联网和移动互联网平台作为最主要的推广渠道；产品具有较高附加值，品牌价值高等特点。相对于将资金大量投入于固定资产的重资产的运营型公司，小公司股权合伙的门槛较低，收益高，风险小，更容易吸引股权合伙人加入。

6. 做好股权设计，股权合伙不会影响小公司创始人的控制权

小公司的创始人往往是公司的唯一投资人，对公司具有绝对控制权。即使公司有其他股东，股权结构通常也比较简单。股权合伙制要求合伙人间利益一致、互相信任，创始人很可能会担心引入股权合伙人后自己会失去对公司的控制权。事实上，小公司创始人的控制权一般是非常稳定的，只要精挑细选合伙人，并做好股权设计，股权合伙模式会是公司创始人的最佳选择。

第2章

如何选择股权合伙人

2.1 选择合伙人的七个标准

　　股权合伙人对于小公司和创始人的重要性不言而喻，选择合伙人需要慎之又慎。小公司合伙人之间要形成深度利益捆绑，互相之间高度信任，互相尊重，所以贵精不贵多。从朋友、同学、校友、同事、老乡等熟人圈选择合伙人成功率最高，效率也最高。从公司长远发展考虑，还可以从公司的核心员工中择优悉心培养未来的股权合伙人。看人、识人、选人是小公司创始人必须练就的本领，在创业初期需要付出大量的精力和时间寻找和选择合伙人，选择合伙人有如下七个标准。

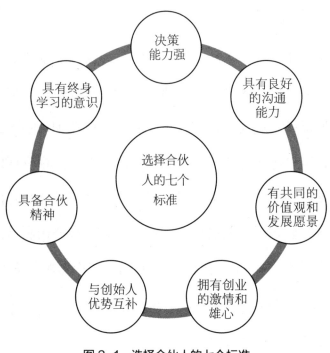

图 2-1　选择合伙人的七个标准

1. 有共同的价值观和发展愿景

创始人在创立和经营公司的过程中会逐渐主导形成公司的核心价值观，并确立公司中长期发展目标。公司的核心价值观往往与所处行业的特征和竞争程度有关，反映了创始人对公司治理、公司发展和创新的理念，创始人在选择合伙人时要注意考察其对行业了解的广度和理解的深度。有共同的价值观和愿景是合伙人能够长期共事的基础，这是选择合伙人的核心要素。

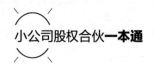

2. 具备合伙精神

合伙精神的内涵非常广泛，传统的合伙制要求合伙人对合伙规则达成共识，共创公司价值，共享经营收益，共担经营风险和发展责任。现代公司制度下的股权合伙精神，除上述传统含义外，至少还应包含积极向上、团队协作、互相信任以及在困难面前毫不妥协等基本要素。真正具备合伙精神的合伙人，能够对得起公司创始人的信任，在个人利益和公司利益冲突时放弃个人利益，在顺境中不膨胀自大，在逆境中不轻言放弃，能够带领团队不断克服困难，攀登高峰。

3. 与创始人优势互补

创始人选择合伙人时应注意选择与自己可形成优势互补的人。只有明确了自己的专长和公司所需的专长之后，创始人才能够找到合适的合伙人，为成功创业奠定基础。

优势互补主要可以从三个方面考虑。一是专业互补。合伙人中应当有懂技术的专家，有擅长运营的管理者，有能做好开源节流的财务管理人才，因为创始人不可能全部包揽，要让专业人士各尽其用。二是性格互补。公司聚集多种性格的合伙人，能在很大程度上降低决策风险，减少失误。运筹帷幄的创始人把握大局，热情奔放的合伙人敢打敢拼，沉稳内敛的合伙人凡事三思而后行……在这样的合作之下，公司方能持续开疆扩土，获得更大成就。三是管理风格互补。合伙人受教育经历、工作经历和不同管理哲学的影响，可能形成不同的管理风格。有的合伙人信奉东方管理哲学，注重"感性、亲情"，更关注"人"，主张"人尽其才、知人善用"；有的合伙人更认同西方管理哲学，注重"理性、规则"，更关注"工作"，主张对工作实现精细化管理。公司中多种管理风格并存，可使组织具有更强的包容性，有助于吸引和留住更多优秀人才。

4. 拥有创业的激情和雄心

处于初创阶段的小公司，往往面临资金、人才、市场等各种各样的问题，发展的道路艰难曲折，需要合伙人拼尽全力、不计投入地真心付出，而唯有创业的激情和雄心才能支撑这种持续的付出。更为重要的是，激情还能够潜移默化地影响其他合伙人和员工的情绪及工作态度，能够更大限度地提升公司的凝聚力和进取心。

5. 具有良好的沟通能力

合伙人之间的沟通是否高效顺畅，是决定创业能否成功的关键因素之一。作为一名优秀的合伙人，需要拥有强大的沟通能力，能够把自己的想法简明扼要、不打折扣地传达给合作伙伴。同时，良好的沟通能够让合作更加愉快，是化解矛盾和误解的工具，是合伙人之间的润滑剂。

6. 决策能力强

小公司在初创时期一般由创始人掌控全局。随着公司业务不断发展壮大，合伙人作为核心管理团队的成员，往往需要根据分工独当一面。据此，合伙人应当具有根据关键信息做出准确判断，独立做出正确决策的能力，且敢于为决策的后果承担相应的责任。优柔寡断和不敢担责的人不适合担任管理者，更不适合成为公司的合伙人。

7. 具有终身学习的意识

当今时代，知识更新和技术进步的周期非常短，满足于现状、停滞不前的人和公司都极易被淘汰。一名优秀的合伙人应当保有开放的心态，关注新知识和新生事物，坚持积极、主动、持续地学习，让自己不断进步，引领公司持续创新。

2.2　深入了解潜在合伙人

鉴于合伙人对小公司的重要性，创始人在寻找和选择合伙人时不能急于求成，需要付出一定的时间和精力，从细节出发，深入了解潜在合伙人。上一节提到选择合伙人的七个标准，有的方面可以通过简历了解，有的方面可能需要通过多次面谈才能作出判断，还有的方面需要请教潜在合伙人的朋友、曾经的老板和同事，甚至竞争对手，才能掌握足够充分的信息。

创始人需要了解潜在合伙人的性格和习性。一个人的性格和做事风格会伴随其一生，很难改变。那些性格存在明显缺陷的人，诸如锋芒毕露、脾气暴躁、口无遮拦、喜欢抱怨、斤斤计较、唯我独尊、固执己见、多疑善变等，不要与之共同创业。此外，那些心口不一，不愿真诚表达自己想法的人也不适合成为合伙人。

性格和习性方面的明显缺陷

锋芒毕露		唯我独尊
脾气暴躁		固执己见
口无遮拦		多愁善变
喜欢抱怨		心口不一
斤斤计较		酗酒赌博

图 2-2　这样的人不宜合作

创始人应当了解潜在合伙人的成长经历、教育背景和职业经验。这些方面是筛选合伙人的基础，且可以从简历上看到相关内容。但是，每一部分细节都值得在面谈中深挖。创始人深入了解潜在合伙人的经历，比较容易发现其优势和劣势，能够了解其对于创新和创业的态度，对于职业生涯的规划，以及对于困难和挫折的应对方式。

　　创始人应当了解潜在合伙人的爱好。健康、积极、正向的爱好能够带给人健壮的体魄、良好的生活习惯和美好的情感体验，能够在一定程度上支撑其高效完成公司在初创阶段繁重的工作，共同的爱好也能够拉近创始人同合伙人之间的距离。而有诸如酗酒、赌博等恶习的人，能力再强也绝对不能选择。

　　创始人应当了解潜在合伙人个人及家庭的财务状况，其对于财富的态度以及消费习惯等。如果个人和家庭财务状况不佳，潜在合伙人不可能长期、持续地投入合伙事业。过于看重财富或过于吝啬的人，都不会是一个优秀的合伙人。

　　创始人应当了解潜在合伙人对待家庭的态度。在中国人的观念中，家庭幸福的人通常有更强的责任感，而处理不好家庭问题的人往往难以得到信任。如果是男性，还需要了解他对女性的态度，不能选择那些不尊重女性或歧视女性的人共同创业。

　　创始人还应当了解并考察潜在合伙人的文化修养。一个人的文化修养不完全取决于受教育水平，而是其综合素质的具体体现。具有较高文化修养的人，往往表达能力更强，更坚定，更自信，更包容，更理性，更具有共情能力，更容易做出正确的决策。文化修养高的人通常也有较高的道德水准，不容易犯错误。一个人的文化修养集中体现在其服饰衣着和言谈举止等方面。好的合伙人应当衣着得体，语言得当，思维缜密，分析问题透彻，观点新鲜有趣，与之交谈让人有如沐春风之感。

对于潜在合伙人的品性及为人处世的态度的了解和观察，包括但不限于上述六个方面，小公司创始人可以根据自己的识人经验和感性认识，关注潜在合伙人更多的细节，进行综合判断后再作选择。

2.3 好合伙人拥有哪些品质

　　一个好的合伙人应当具有的能力和特质在前文已经分析过，本节主要目的是提醒创始人还需关注潜在合伙人的品质问题。

　　好的合伙人应当有好的人品，好人品的含义比较丰富，没有标准答案，无法全部列举。从促进小公司实现股权合伙目标，促使公司稳定发展的角度出发，好的合伙人应当对创始人忠诚，对大家共同的事业忠诚，不做有损公司利益的事情；对创始人和其他合伙人坦诚相待，不做任何欺瞒，对公司事务开诚布公地表达自己的观点；诚实守信，不打折扣地执行公司决策，不辜负创始人的信任；尊重合作伙伴，能够与团队保持融洽的工作关系；互相信任，能够和创始人同甘共苦；遇到问题能够保持情绪稳定，理性思考解决对策；胸怀广阔，目光长远，不拘泥于眼前利益等。

 忠诚
坦诚相待
开诚布公
诚实守信

 同甘共苦
互相信任
情绪稳定
理性思考

尊重合作伙伴
与团队保持融洽的工作关系

 目光长远
不拘泥于眼前利益

图2-3　合伙人的好品质

2.4　如何说服合伙人加入公司

对于小公司创始人来说，找到理想的潜在合伙人后并不是万事大吉，说服其加入小公司的合伙人团队往往并不容易。初创期的小公司能够给合伙人的回报有限，对合伙人的吸引力相较于大公司而言差距甚远，而游说潜在合伙人加入公司是创始人的责任和使命。

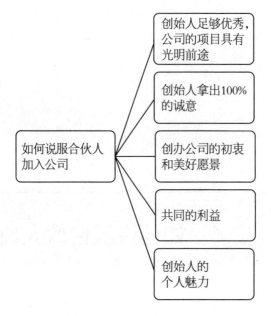

图2-4　如何吸引合伙人

小公司创始人本身应当足够优秀，公司的项目应当具有光明的前途。只有优秀的人和项目才可能吸引到同样优秀的人才，创始人应当不断学习、修炼，持续提升自身能力和综合素养。

创始人必须拿出100%的诚意，主动出击，向潜在合伙人表达合作意向，给予潜在合伙人充分的尊重和信任，不怕被拒绝，坚持不懈地保持沟通和交流。

创始人需要用自己创办公司的初衷和美好愿景吸引志同道合的潜在合伙人。这种对于公司的"推销"需要做精心的设计，并应根据潜在合伙人的不同特点做调整。面谈前，创始人应当对潜在合伙人做充分的了解和研究，对其态度做预判并做好打持久战的准备。

创始人可以用共同的利益吸引优秀的合伙人。小公司的商业模式必须能够持续地为合伙人带来利益，这种利益的分配是对公司美好愿景的具体支撑，能够激发合伙人的斗志、创业的雄心和激情。

创始人的个人魅力对于吸引潜在合伙人往往具有举足轻重的作用。创始人与合伙人之间应当是互相欣赏的，这种欣赏的基础可能是创始人聪明的头脑、业界顶尖的技术水平，也可能是其幽默风趣的谈吐和胸怀天下的大格局。

为了吸引优秀的合伙人，创始人既要拥有经营好公司、打造良好业绩的硬实力，也要善于发挥真诚交流、坦诚沟通的软实力，耐心加诚心，一定能够找到理想的合伙人。

第 *3* 章

合伙人股权如何设计

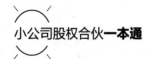
3.1 为什么要进行股权设计

对于小公司来说，股权设计是必须要重视的问题。股权设计直接影响公司的发展，合理的股权设计方案，可以明晰合伙人之间的责、权、利，充分体现各股东对公司的贡献、权力和利益，有助于维护公司和项目的稳定。具体而言，股权设计将有助于小公司实现如下目标。

图 3-1　股权设计的目标

1. 绑定合伙人，提升团队凝聚力

小公司的股权价值是所有合伙人通过长期服务于公司而获得的，因此应当按照合伙人在公司工作的年限逐步兑现。股权绑定一方面可以避免因为某个合伙人中途退出带走大量股权而导致公司陷入困境，另一方面，能够有效平衡合伙人之间股权分配不均的情况。站在公司发展的角度对股权进行谨慎、正确、共赢的分配，重视契约精神和合伙精神，能够将合伙人长期凝聚在一起。

2. 确保公司创始人的绝对控制权

小公司在发展过程中难免会遇到资金困难，在融资时，股权是最重要甚至是唯一的筹码。有的创业者用大量股权换取投资，从而失去对公司的控制权，在公司发展势头逐渐强劲时很可能会被踢出局。因此，公司创始人应充分利用股权设计保护自己的权利，避免为人作嫁。同时，创始人作为公司的发起人，是公司最核心的精神领袖和利益相关者，也是公司发展方向和经营策略的决策者，必须掌握绝对控制权。

3. 预留股权份额，吸引和留住人才

参与公司股权分配的人，除了公司创始合伙人以外，还包括新合伙人、优秀员工和投资方。其中，人才引进政策和员工

激励政策决定了公司是否能够吸引和留住急需的人才。预留新合伙人份额、给予新引进人才和优秀员工股权激励是培养公司新鲜血液和员工主人翁意识的法宝。公司在前期进行股权设计时，为以后的新合伙人和员工预留股权和股权激励份额，能增加公司谈判的筹码，能有效提高员工的积极性和工作效率。适当的股权激励也是获得投资人认可的必要条件之一。

4. 吸引和约束投资者

小公司的发展需要得到投资者的青睐，投资者也希望找到好的项目，在助力公司快速走上正轨的同时，通过股权获取最大收益。小公司如果没有合理的股权结构，专业的投资人会认为该公司不规范，自己的投资缺乏保障而不愿意进场。

小公司只有做好股权设计，才有可能找到更多有力的合伙人和投资人，获取更多资源，帮助公司快速发展。在资本进入后，公司既要通过股权给予投资者应得的利益，同时也要通过股权设计防备投资者威胁或攫取公司的控制权。

3.2　适应公司不同发展阶段的需求

　　一般来说，公司的发展可以分为初创期、成长期、扩张期、成熟期和上市期五个阶段。在不同阶段，公司发展的重点不同、需求不同，股权设计面临的主要问题也各不相同。

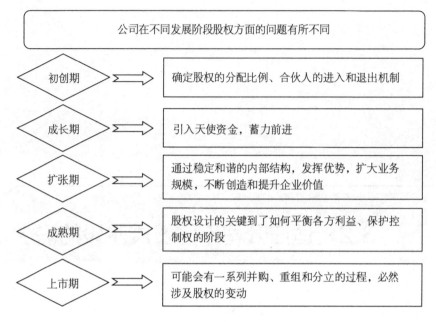

图 3-2　公司的发展阶段

3.2.1　初创期的股权设计问题

合伙人合伙创业的第一天，就会面临股权设计问题。小公司在初创期最需要的是资金和人才，此时谈细节性的股权结构还为时尚早，亟待解决的问题是股权分配的比例、合伙人的进入和退出机制。股权分配的比例决定了股东的利益分配，也决定了公司的管理权与决策权归属，初创期是确定创始人控制地位最关键的阶段，需要全面考虑、谨慎确定股权分配比例。

合伙人是公司最大的贡献者，也是主要参与分配股权的人，彼此的利益长期深度绑定。什么样的人可以进入公司，进入后如何关联贡献与股权，公司基本的分配和表决机制是怎样的，对这几个问题进行稳妥的设计，能够在很大程度上做到防患于未然，减少纠纷。

对合伙人的退出机制做出设计同样重要。合伙人取得股权，是基于看好公司发展前景，愿意长期共同参与创业。合伙人早期投入的少量资金，并不是其所持股权的真实价格。所有合伙人通过长期服务于公司赚取股权的增值，如果不设定退出机制，允许中途退出的合伙人带走股权，对其他长期参与创业的合伙人是不公平的，会使他们缺乏安全感。

3.2.2　成长期的股权设计问题

小公司进入成长期后的主要任务是引入天使资金，蓄力前进。在天使轮融资前，小公司的行业背景、成长潜力、团队管理以及创始人的个人品质等都需要得到天使投资人的认可。此后天使投资人将对公司进行估值，通过评估，天使投资人可以了解公司目前的价值以及预估未来的收益增长。在评估时，创

始团队不仅需要将公司目前所有的资产、优良项目、运营模式等充分呈现给天使投资人，更需要让天使投资人了解公司未来的增值点，以及预期的、潜在的资本回报。此外，创始团队应对股权进行谨慎且合理的设计，以便在融资时能够满足"股权清晰合理"这一要求。

确定好公司估值后，双方要对投资过程中的交易结构进行逐条设计。天使投资的本质是股权融资，交易结构的设计会影响公司股权架构的变化。一般而言，天使投资人在入股后会成为公司的小股东，虽然不追求成为公司的实际控制者，但是往往会要求拥有一定的管理权。创始人要特别注意公司管理层结构的变化，并且与天使投资人就管理权进行严格、明确的约定，避免以后因权限不明而造成纠纷。

很多投资人在投资时会选择加入一些对赌性质的条款保护自身利益。例如，公司经营达到某种业绩标准后，创始团队可以行使某种权利，如果公司经营达不到该业绩标准，投资人便可以行使另一种权利。面对这样的条款，创始团队需要慎重考虑，一旦对赌失败，可能会给自身利益造成严重损失。

有些天使投资人在投资之前会要求小公司设立期权池。期权池是指公司未来为了激励员工、留住人才，实施股权期权激励方案而事先预留的部分。对于天使投资人而言，先设立期权池再投资，投资后其股权没那么容易被稀释；对于创始人或创始团队而言，如果在公司成立之初没有设立期权池，在融资时被要求设立时，则可以设立一个相对小的期权池，并且可以和天使投资人约定：以后如果进行 VC（风险融资）或 PE（私募股权融资），出资方要求把期权池扩大，那么，创始团队和天使投资人的股权应同比稀释。

投资的本质是把钱增值后再变现，因此天使投资人会比较注重有关退出条款。一般的退出方式有：IPO（Initial Public Offering 的简写，首次公开募股）、并购、收购、公司回购以及破产清算。IPO 及破产清算在投资协议中并不需要做特别约定，只要根据《公司法》规定的内容约定即可。创始团队要和天使投资人商议并明确在并购、收购以及公司回购情形下天使投资人退出的具体方式。并且，创始团队可以在投资协议中设置相应的违约条款，防止天使投资人中途撤资。

创始团队应弄清楚投资协议中每个条款的意义，以及可能出现的最坏结果，并对结果进行评估，避免因融资而影响公司未来的股权架构，甚至导致创始人或创始团队丧失对公司的控制力。

3.2.3　扩张期的股权设计问题

扩张期是公司第一个高速发展的阶段，公司通常已经完成天使轮和 A 轮融资，不再需要为资金烦忧，这个阶段的主要任务是通过稳定和谐的内部结构，发挥优势，扩大业务规模，不断创造和提升公司的价值。

融资对小公司而言不仅意味着经营能力的提升，也是对股权设计是否科学合理所进行的一场考验。创始团队成员的利益是否得到合理分配将在此时暴露，公司不应回避，而要直面问题、解决问题，不断调整和完善股权设计的细节，逐渐形成科学健康的股权结构，确保团队稳定和团结。

随着公司业务规模的扩大，公司要开启内部股权激励方案。股权激励重在激励少数核心员工，将员工的切身利益与公司的经营业绩联系起来，采取股票期权、员工持股和参股计划等措施，让员工找到自己是公司的主人的感觉，与公司形成利益共同体，促进公司与员工共同成长，使公司实现稳定发展的长期目标。

3.2.4 成熟期的股权设计问题

公司经过 B 轮融资后即进入相对平稳的成熟期，此后持续招兵买马、跑马圈地，加速扩展，需要引入 C 轮、D 轮甚至 Pre-IPO（上市前融资）轮融资，创始人或创始团队的股权会被大幅度稀释，此时股权设计到了如何平衡各方利益、保护控制权的关键阶段。

随着小公司逐步成长，其发展可能会遇到几种情况：有些资本方会在种子期、成长期等不同时期退出，从而公司需更换新的资本方；公司需要通过多轮股权融资解决发展过程中的资源与能力不足问题；公司需要继续吸纳核心人才和其他资源；等等。到了这一阶段，股权比例的稀释速度要比之前几轮快得多，这是公司实现第二波高速发展必须付出的代价。因此小公司在进行股权设计时，一方面要给未来人才预留股份，另一方面也要考虑进行多轮融资时，因新资本方进入导致股权架构发生变化，所以，不能轻易分配股权，而应在未来股权架构上留有更多的变动余地。随着员工持股的增加，投资方股权比例的增加，创始人或创始团队持股比例下降是不可避免的，但在实际操作中有一些方法能够避免创始人或创始团队的控制权随股

权比例下降而减弱。

需要注意的是，保障公司控制权的股权设计，不能在公司进入成熟期才考虑，而应当在初创期即打好基础，不断完善，在 B 轮融资时正式展开，在成熟期发挥作用。

3.2.5　上市期的股权设计问题

如果公司已经上市，往往会把公司的业务分成很多模块去做小、做细，可能会有一系列并购、重组和分立的过程，这必然涉及股权的变动。

上市的本质是将依赖私募融资的小公司转变为公众公司，向不特定的社会公众融资。上市公司要承担包括信息披露在内的更多、更严格的社会责任和义务。上市公司的股票有公开的定价，公司之前给员工的期权和股权都可以在公开市场变现，员工可以通过转让股权获得丰厚的回报，公司的估值更容易计算。

公司的上市过程本身伴随着股权结构的重新设计，公司运作的各种方式也是基于股权带来的利益。上市对大多数小公司而言都需要比较长的时间，且需要专业机构运作，本书恕不赘述。

3.3　股权设计的主要内容

公司的股权设计是一项比较复杂的工作，涉及很多细节，大体来说，股权设计的内容主要分为以下四个方面。

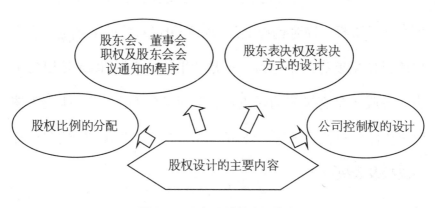

图 3-3　股权设计的主要内容

1. 股权比例的分配

股权是股东基于投资而产生的综合性权利，股权比例往往决定了利益分配的比例，也影响着公司的管理权与决策权。

2. 股东会、董事会职权及股东会会议通知的程序

股东会和董事会的职权由《公司法》第五十九条和第六十七条进行规定，同时也允许公司章程对其他职权进行规定。公司的创始团队在进行股权设计时，可以根据实际情况对股东会和董事会的职权进行个性化设定。如公司章程的规定或全体股东的约定可以排除《公司法》第六十四条"召开股东会会议，应当于会议召开十五日前通知全体股东"这一规定。

3. 股东表决权及表决方式的设计

表决权是股东基于股权享有的自由表达意志的重要权利，《公司法》第六十五条规定，股东在股东会会议上按照出资比例行使表决权，同时也规定公司章程可以排除此项规定。表决权的行使主要有两个思路，一是"平均主义"，即无论出资多少，各股东享有平等的表决权；二是"资额主义"，即股东按照出资比例行使表决权。公司创始团队可以根据实际情况设计表决权及表决方式。

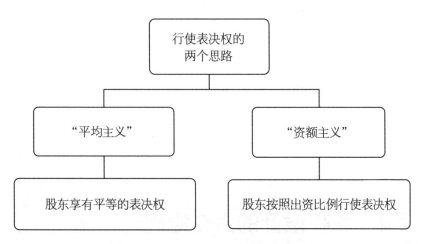

图 3-4　行使表决权的两个思路

4. 公司控制权的设计

公司的控制权一般包括对股权的控制权、对董事会的控制权、对公司经营管理的实际控制权,控制权的基础是股权,失去股权方面的优势就相当于失去了控制权。随着公司发展,不断引入投资人,创始人或创始团队的股权比例必然会被稀释,这时就需要通过特殊的股权设计,如表决权委托、一致行动人、双层股权架构等,来保障创始人或创始团队能够始终掌握控制权。

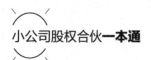

3.4　股权设计的六个原则

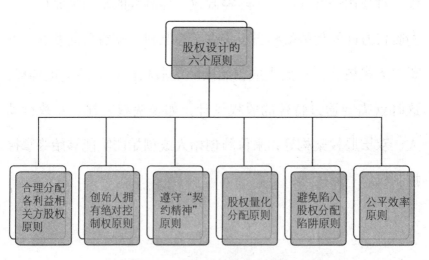

图 3-5　股权设计的六个原则

3.4.1　合理分配各利益相关方股权原则

1.　创始合伙人按贡献大小分配股份

对于公司发展做出贡献最大的创始合伙人或创始团队，是最应该拥有公司股权的人。对于既有创业能力，又有创业心态的公司初始合伙人，无论其出资多少，或者是否出资，都要尽早对其发放股权。创始合伙人进入股权分配时，要综合考虑多方面的因素。创始合伙人必须是创始人确认的、适合公司运营模式和发展的最佳合伙人。

小公司发展初期，不要简单按照合伙人各自出资比例分配股权，而应考虑合伙人对公司真正做出的贡献。在公司初创期，启动资金非常重要，但是公司发展到一定阶段，资金就不是问题了。长久来看，公司的利润主要靠人才创造，而人才却是非常稀缺的资源。让有能力做出大贡献的合伙人只占小股份的话，股权是不能长久的，这样的股权架构存在不稳定因素，后期想引进 PE、VC 等财务投资人也比较困难。

2.　及早锚定核心骨干员工

小公司想要发展壮大，不仅需要实力强劲的创始人和创始团队，还需要优秀的技术人才和管理人才。公司的核心骨干员

工一定是认同公司理念、欣赏创始人人格魅力的，愿意全职在公司工作，与公司共同发展。为了留住人才，公司应当及早为他们分配股权，他们在获得股权分红和其他经济回报的同时，股东身份还能够激发他们的自我认同感和成就感。

针对核心骨干员工的股权设计，应当在持股价格、持股比例、服务年限、分红方式、退出条件等细节问题上做充分沟通，充分酝酿，甚至一人一议，确保锚定核心骨干员工在较长的时间里持续为公司服务。

3. 天使投资人以"投大钱，占小股"的方式取得股权

天使投资人可以拥有公司股权，但是不能像创始人或创始团队一样获得公司的大部分股份。天使投资人的投资额度通常会比创始人或创始团队大很多，如果按投资比例分配股权的话，创始人或创始团队所占股权的比例会大大减少，会导致出现创始人或创始团队受制于资本的局面，创始人或创始团队很可能会失去奋斗的动力，在把控公司未来发展方面也可能失去话语权。

出于公司前途考虑，分配股权时，不应允许天使投资人按照合伙人的标准低价获得股权，天使投资人购买股份的价格应当比合伙人高。合理的创业合伙人与天使投资人之间的股权分

配应当是这样的：天使投资人"投大钱，占小股"，只出资但不参与公司经营；合伙人"投小钱，占大股"，通过长期全职服务公司赚取股权。

4. 不宜给短期资源提供者分配股权

小公司在发展初期需要多方寻找资源，为换取资源，创始人或创始团队很容易在未经慎重考虑的情况下将部分股权分配给资源提供者。小公司的发展需要整个创始团队长期、持续地投入时间和精力，而一些资源提供者未必能够长期与公司合作，因此不宜通过分配股权与其进行绑定，可以考虑以项目提成的形式进行利益共享，一事一结。

5. 不宜给兼职人员过多股权

小公司发展初期需要各类型人才，能够给出的报酬有限，应当允许优秀的技术人才以诸如兼职的方式加入公司，他们能够为公司的发展提供重要的技术支持，对公司的贡献毋庸置疑。但是在他们全职进入公司工作前，不适合给予其过多股权，理由同前。对于高级技术人才，可以采用聘请其为顾问的方式对其发放少量股权，这部分股权应来自公司预留的股权池；也可以对其发放期权，待其全职加入公司后再行权。而对于另有全职工作的普通兼职人员，只需发放工资或劳务报酬

即可。

6. 把握好对普通员工进行股权激励的最佳时机

股权激励是现代公司常用的激励手段，但是对普通员工进行股权激励的时点特别关键，如果把握不好，很可能事倍功半。在小公司发展早期，不宜给员工发放股份。一般来说，在公司发展早期，员工对公司缺乏认同感和归属感，流动性较大，他们更关注类似涨工资这类短期利益而不是获得股权这种长期利益；且此时公司价值有限，发放股权的激励效果难以让员工满意；另外，公司为股权激励的实施需付出较多人力成本和管理成本。

小公司发展稳定、进入成熟期之后，基本奠定了在市场的地位，形成自己的企业文化，对员工具有较强的吸引力。此时公司的股权很可能已经有了一定的市场公允价格，或者由投资人给出了较高的估值，公司只需用较少的股权，就能够对更多的员工起到很好的激励作用。这个阶段，获得股权激励的员工往往也并不关注自己获得的股权的百分比，而是按照公司业绩直接估算股权的价值。

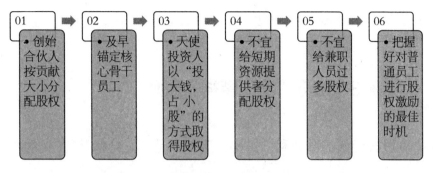

图 3-6　合理分配利益相关方股权原则

3.4.2　创始人拥有绝对控制权原则

创始人是公司的缔造者，是规划公司运营模式和业务模式的人，是公司文化和管理理念的开创者，创始人对于公司来说意义非凡。在公司创立期间，没有外部融资，公司的经营运转完全依靠创始人的个人能力和财力，创始人必须具备顽强的意志和强大的自信，能够将创业的思想和规划付诸实践，而且要接受很长时间无法从公司获得回报的现实。创始人全职创业，需要放弃很多个人机会，要为公司寻找投资、创造盈利。创始人为公司付出的财力、时间、精力是其他合伙人，甚至创始团队的其他成员都无法超越的。而且，创始人是最没有私心的人，是决定公司命运最重要的掌舵人。因此，在设计股权时，首先要保证创始人拥有绝对控制权，最理想的

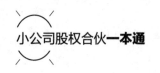

持股比例是达到 50% 以上。

3.4.3　遵守"契约精神"原则

股权合伙能够顺利推进的制度基础是"契约精神"。契约精神要求人们在合作关系中诚实守信、履行承诺，共同推动合作事业的发展。对于所有创始团队成员来说，经过充分沟通和协商后确定的股权结构就是一种契约，意味着公司利益分配机制已经形成，应当被不打折扣地遵守。当然，公司的股权结构设计不可能一成不变。公司在不同的阶段有不同的需求，全体合伙人可以根据公司的发展战略、财务状况、市场环境、技术创新、资源整合等各方面因素综合考虑，就股权结构调整达成新的共识，这本身也是契约精神的体现。

3.4.4　股权量化分配原则

小公司合伙人之间的股权分配，应当建立在科学评价各位合伙人对公司贡献的基础上。相对于简单的主观判定而言，量化的评价方法比较科学和客观。能够为公司的经营发展带来资源和收益的贡献都应当进行量化，如合伙人投入的现金、物资、厂房、机器设备等，合伙人自有知识产权如商标权、著作权、专利技术等。全职创始团队成员在创业初期放弃从公司领取的工资，虽然没有为公司直接带来收益，却是团队成员实实在在的利益损失，对公司是一种隐性贡献，也应当对其进行量化。确定需要量化的要素后，合伙人应当进行充分沟通和协商，根据投入要素的市场稀缺性及其和公司价值的关联度，分别对其进行赋权，并计算、确认各创始合伙人的股权比例。

3.4.5　避免陷入股权分配陷阱原则

小公司的业务各有各的特点，并没有股权结构的一定之规，合伙人可以根据前述原则协商、确定股权分配的比例。但一些公司失败的案例提示我们，股权分配的陷阱确实存在，一旦陷入，很容易让公司成为孤岛或给公司带来巨大的内耗，创始人或创始团队在设计股权时一定要避免下述情形出现。

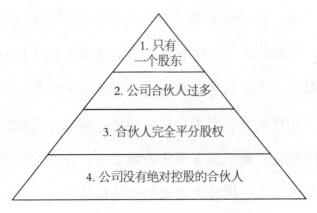

图3-7 股权设计应该避免的情况

1．只有一个股东

这种情况在小公司中非常普遍，最典型的就是家族公司。这样的公司可能在法律上只有一个股东；也可能有两个股东，是夫妻关系、兄妹关系或父子关系，考虑到家庭属性，其实质都是一家人，也可以视为只有一个股东。选择唯一股东的公司往往规模比较小，且老板不想将股权放出。在这样的公司，除了老板外，其他员工都是打工人，跟公司缺乏长期、深度的利益关联，难以吸引和留住人才，投资人也不愿意选择这样的公司进行投资。长此以往，人才进不来，资本进不来，先进理念进不来，公司会逐渐变成孤岛，很快就会触及天花板，后继力量缺乏。创始人应当怀有开放的心态，慎重选择合伙人，锚定核心员工，尽早组成能够并肩奋斗的创始团队，在将公司做大的同时也实现自己的人生目标。

2. 公司合伙人过多

这种情况既可能导致股权高度分散，股东间有可能互相争权夺利，都想参与决策，导致公司经营混乱；也可能都想搭便车，不愿意付出时间和精力认真经营公司。另外，合伙人多就意味着关系复杂，思想难以统一，如果没有一个具有足够威望的核心人物，公司很可能会变为一盘散沙。

因此，小公司在发展早期不适合有太多合伙人，并且要选出一名能够全职经营、管理公司的核心合伙人掌握控制权。

3. 合伙人完全平分股权

如果公司有两名合伙人，股权就各占 50%；如果有四名合伙人，股权就各占 25%，如果有五名合伙人，股权就各占 20%……选择平分股权的合伙人互相之间往往比较信任，甚至是关系很好的同学、朋友等，认为谈股权比例是斤斤计较，伤感情。在创业初期，平分股权或许能使公司的经营平稳地持续一段时间，但公司进入成长期后，一旦发生影响公司发展方向的大事件，各位合伙人由于认知不同、立场不同、观念不同等，很难达成一致意见，容易形成僵局，很可能使公司错过好的发展机遇。更严重的情况是引发合伙人内斗，不仅破坏了同学情、朋友情，更可能对公司造成巨大损失甚至导致经营失败。为避免这种情况，必须在合伙之初就达成共识，不问人情，而是根据大家的贡献合理确定股权比例。

4. 公司没有能够绝对控股的合伙人

当公司没有能够绝对控股的合伙人，而两位持股比例最大的合伙人其股份占比又相差不大时，持股最少的合伙人反而可能成为公司的最终决策者。例如，A 公司有三位合伙人甲、乙、丙，甲持股 47%，乙持股 45%，丙持股 8%，丙是绝对的小股东。当甲、乙存在激烈冲突时，都试图游说丙与自己联手，此时丙选择支持谁就显得格外重要，如果丙将赞成票投给甲，甲的主张将因获得超过 50% 的表决权而得以通过。在这种情况下，丙完全可能从自身利益出发，游走于甲、乙之间，成为公司的潜在决策者。而甲和乙虽握有较大份额的股权，却不得不受制于丙。所以，公司创始人或创始团队在设计股权时，要避免出现这种"两大一小"的局面，警惕某一个或某几个持有较少股权的合伙人形成利益小团体，左右公司的最高决策权。

3.4.6 公平效率原则

公司创始人或创始团队在设计股权架构时，应坚持兼顾公平和效率原则。

公平，意味着合伙人的持股比例和其对公司的贡献应当正相关，创始人需要清晰地了解团队中每个人的优势和特长，并对每个人的贡献进行评估，一人一议，不能搞一刀切。

效率，主要从三个方面进行考虑：首先，股权架构应当有利于聚合资源，比如人力资源、资本、先进技术、运营和销售资源等；其次，股权架构应当便于公司在关键时刻，特别是进行一些重大决策时迅速做出正确的判断；再次，就是股权架构需要确保创始人的终极决策者地位，以便让决策更加高效。

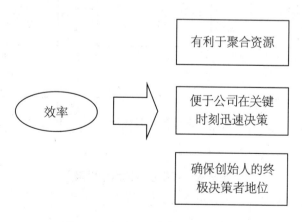

图 3-8 股权设计要确保决策效率

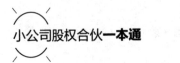

3.5　股权设计的六个思路

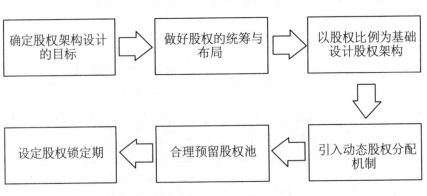

图 3-9　股权设计的六个思路

3.5.1　确定股权架构设计的目标

在进行股权架构设计前，公司创始团队应当就股权设计的终极目标达成共识：股权设计不是为了让某个人或某几个人获利，而是为了公司持续健康地发展，完成自己的使命，实现设立之初规划的美好愿景。

图 3-10　股权架构设计的目标

1. 股权架构的设计合法合规

公司股权架构的设计必须合法合规，这是最基本的目标。股权架构的设计不能与《公司法》《证券法》《会计法》等相关规定冲突，法律没有禁止性规定的内容可以通过公司章程进行确认。公司如有上市计划，还需确保股权架构符合与上市相关的行政法规、部门规章的要求。

2. 赋予并维护创始人控制权

创始人对于小公司的意义和重要性不言而喻，前文已经充分论述，此处恕不赘述。创始人拥有控制权是公司在激烈的市

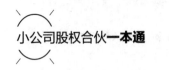

场竞争中做出高效、正确决策的必然要求。赋予创始人控制权主要通过为其分配绝对多数股权的形式实现，这有利于增强创始人在公司内部的影响力和话语权。维护控制权，还要制定合理的股权稀释规则，合理利用制度工具，这样，即便在公司发展中后期有资本进入，仍能确保创始人保住控制权。

3. 增强合伙人团队的凝聚力

在竞争日趋白热化的时代，单打独斗并非明智之举，联合创业的成功率远高于个人创业。股权架构设计的目标之一，应当是吸引、团结对公司发展最有帮助的合伙人，让公司更有竞争力。

4. 让员工有机会分享公司财富

员工成为股东不仅仅是身份的转变，还会带来意识的转变、工作努力程度的变化。好的股权结构设计应当为员工提供分享公司财富的机会，使其切实成为公司的主人，在助力公司高速发展的同时收获可观的回报。

5. 吸引投资者进入

小公司的发展壮大离不开资本的支持，投资者对公司股权架构往往非常看重，股权架构的设计应当考虑如何吸引投资者进入，通常要做一些特殊安排。

3.5.2 做好股权的统筹与布局

股权授予哪些人、如何选择股权授予的对象、股权分配的规则是什么，预留多少份额用于股权激励和引入投资者，这些都是创始人或创始团队在启动股权结构设计时需要统筹考虑的问题。一般来说，授予股权的重点对象是作为公司核心的创始团队成员、公司的董事和高级管理人员，以及对公司未来发展有直接影响的管理骨干和核心技术人员。创始合伙人的人数不宜过多，股权授予应分步骤、分阶段授予，不能一蹴而就，并可以视具体情况设计诸如业绩和服务期等后置条件。除此以外，股权的统筹和布局还应包括股权进入和退出机制的设计。

3.5.3 以股权比例为基础设计股权架构

公司创始人或创始团队在进行股权架构设计之前，应该清楚地认识到合伙人股权架构不是简单的股权比例或投资比例，而应该是以合伙人持有的股权比例为基础，通过对股东权利、股东会及董事会职权与表决程序等进行一系列调整后形成的股东权利结构体系。股权是基于投资产生的所有权,对公司的管理权来源于股权或基于股权的授权。公司决策权同样也来源于股权,并影响公司管理的方向与规模。合伙人只要有投资,就会产生一定的决策权利,差别在于决策参与程度和影响力不同。

1. 确保创始人是控股股东

控股股东才能拥有决策权。创始人通过出资取得控股股东地位的方式有两种:一是直接实际出资达 50% 以上;二是直接实际出资没有达到 50%,但股权比例最大,再通过一致行动人、表决权委托等制度设计实现控股优势。

2. 以自身优势换取表决权

在公司的运营过程中,除资金外,合伙人的能力和素质对公司的发展也起着至关重要的作用。合伙人的自身能力优势一般包括:融资能力、团队管理能力、市场运营能力、专业技术能力等。公司在不同发展阶段的需求不同,合伙人的贡献价值也不一样。如果公司处于初创期,则融资能力和专业技术能力有优势的合伙人对公司的贡献较大;如果公司处于扩张期,则在团队管理和市场运营方面有特长的合伙人能更好地推动公司的发展。

如果创始人没能通过前述两种方式获得控制权，还可以在起草公司章程时，以其掌握的市场优势、技术优势或管理优势扩大自身表决权数量。

3. 表决程序

股东会与董事会是常见的公司重大事宜表决机构，但如何设计表决的形式及程序需要由合伙人们依据公司的实际情况协商确定，在公司章程里体现出来。

创始团队的成员应充分考虑自己合伙的目的、投资额和投资所占公司股份比例，结合各项优势对股权架构进行深入的分析考虑，如此才能更好地维护自身利益，为公司稳健发展奠定基础。

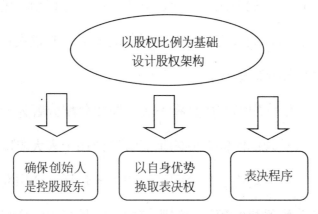

图 3-11　以股权比例为基础设计股权架构应考虑的内容

3.5.4 引入动态股权分配机制

小公司需要在瞬息万变的市场中不断探索和发展，静态的股权结构、固定的股权分配方案难以适应这样的变化。静态的股权结构反映出创始人较封闭的心态，在意识深处仍然把合伙看成是雇佣关系，并没有把创业伙伴当成自己真正的"搭档"。

事实上，小公司在发展的不同时期面临的困难和需要的资源不同，初期一般需要大额启动资金，需要开发出具有竞争力的产品；中期以后更需要稳定的技术支持和积极有力的营销推广。一成不变的股权结构可能会产生核心成员因不满权力和利益的分配而出走的情况。因此，创始人应当意识到，创业初期的股权设计可以是静态的，随着经营的扩大，股权设计应当实现从静态到动态的迭代。

动态股权分配的实质是将一次性股权分配分解为若干次兑现，每一次兑现的时间对应的是能够给公司带来大幅度价值提升的关键节点。动态股权分配计划的内容包括：公司准备什么时候开始分配股权？预计分配股权的占比是多少？分配的关键节点可以是 3 个、4 个甚至 5 个，可以持续 1 年、2 年，甚至 5

年。例如，产品开发完成后，可分 10% 的股权；销售收入达到 500 万元后，再分 10% 的股权；实现收支平衡后，再分 20% 的股权……达到分配股权的关键节点后，分配股权的依据就是各个创始团队成员的贡献值的比例。贡献值就是为了达到关键节点的要求，各个创始团队成员所做出的贡献的量化表现。贡献点需要全体创始团队成员一起定义和确认，贡献值是根据约定的计算标准对贡献点进行的量化记录。这种记录应当是持续、定期地把每个人的每一项贡献值都记录下来。根据公司业务情况，可以月为单位计算和记录，也可以项目为单位，在项目结束后计算和记录。这种方式体现了"动态"思想，随着每一位成员付出的增加，各人的贡献值都在变化。在到达下一个关键节点之前，大家各占多少股权比例都是未知数。动态股权分配机制的基础是：首先，在创始团队成员之间形成契约；其次，要构建计算模型。"契约 + 计算模型"的具体内容因公司而异，此处恕不赘述。

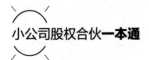

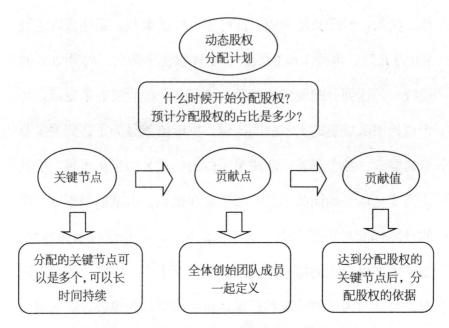

图 3-12　制定动态股权分配计划需要考虑的内容

3.5.5　合理预留股权池

在进行动态股权设计时，预留股权池十分重要。预留股权池能够在不损害创始团队股权的前提下实施激励机制，为公司留住人才，延长激励的效果。预留股权的比例由各公司根据实际情况确定，过多或过少都不合适。预留过多股权，容易使激励对象产生较重的贪念，失去本心，难以实现股权激励的目标，也可能影响创始人对公司的控制权。即使由于特殊情况预留了较多股权，也不可一次性发放，而是要通过公司章程确定每次动态分配的上限。若预留股权过少，可能由于对激励对象缺乏吸引力，同样无法起到激励的作用。实践中，可以通过协议约定创始合伙人同比例转让或另行增资的方式解决预留股权过少的问题。比较合理的预留股权的比例为股权总数的20%~40%，这部分股权在分配前可以经由全体合伙人协商确定，或由创始人代持，或放在持股平台，或由部分合伙人平均持有，股权背后的表决权和分红权也应当协商确定。

3.5.6　设定股权锁定期

股权锁定在维护核心创始团队稳定方面表现出色。股权锁定，有两层含义：一是指通过持股使员工成为股东，与公司同甘共苦；二是指持股方在一定期限内不能将所持的股权、股份和股票转让，这一期限即为持股锁定期，目的在于保证公司控制权的稳定。第一层含义前文已有论述，本节主要根据第二层含义展开分析。

投资人选择公司进行投资时，创始团队是其进行投资与否的重要的考量因素，甚至是决定估值的因素，因此投资人一定

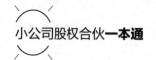

希望创始团队能够尽可能长时间地保持稳定，通常会要求他们承诺一定的股权锁定期，比如3年、4年或5年，时间越长越好。而创始团队都希望股权锁定期越短越好，两方博弈的结果，通常是约定3~5年的股权锁定期。

小公司发展初期，通常是投资人出大钱，做小股东；创始人或创始团队出小钱或不出钱，但担任公司的大股东、实际控制人。为了平衡投资人与创始人的利益，也为了维护核心创始团队的稳定，锁定创始股东的股权是合理的商业安排。股权锁定条款通常约定，未经全部或部分特定投资人许可，创始人或创始团队在某个期限（如公司上市前）内不得转让自己的股权。如果没有股权锁定条款，创始人或创始团队在其股权成熟、升值后，可以随时转让自己的全部或者部分股权，这对于投资人而言存在巨大风险。但是，创始人或创始团队通常在公司创始初期没有很高的工资甚至不领工资，工作繁忙辛苦，因此也可以约定：经投资人同意，创始人可以将股权小额变现；执行员工激励计划，创始人可将其代持的员工股权转让给员工。

综合看来，出于创始人或创始团队与投资人利益平衡以及公允考虑，需要在投资协议中约定股权锁定条款，其中股权锁定期限最为重要。在股权锁定期间，假如创始人出于改善家庭经济状况的需要转让股权，必须经过投资人的同意，并签订相关协议确认。通常情况下，公司创始人的股权将被持续锁定，直到上市或被并购。

《公司法》第八十四条和第一百五十七条分别对有限责任公司、股份有限公司的股权转让做出指引性规定，同时也允许公司章程另作其他规定，因此创始人或创始团队可以将相关制度设计写入公司章程。

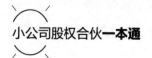

3.6　投资人更喜欢什么样的股权架构

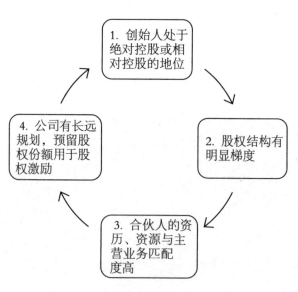

图 3-13　投资人喜欢的股权架构

1. 创始人处于绝对控股或相对控股的地位

确保创始人控制权对于公司和创始人的意义前文已经介绍，投资人和公司的利益是一致的，投资人希望公司股权结构明晰；创始人能够掌控全局，高效决策；团队和谐，执行力强。小公司在寻找投资人时，一定要在文件中明确传递这个信息，并提供相应的证明材料：公司的创始人非常重视控制权，在公司中处于绝对控股或相对控股的地位。

2. 股权结构有明显梯度

小公司的股权分配要有明确的梯度，以三个合伙人为例，比例可以是 5∶2∶1，可以是 6∶2∶2，但绝对不能平均分配。每个创始团队必须有一个核心人物，这个核心人物要持有较多的股权，承担更大的风险和责任，而且团队的核心人物最好能够绝对控股，即除预留股份外，占股 50% 以上，这样才能防止其他合伙人联手"唱反调"。在后期融资的过程中，创始人手握绝对控股权，则更容易与资本抗衡，不至于受其牵制。

3. 合伙人的资历、资源与公司主营业务匹配度高

合伙人的资历决定了他的经验、眼界和格局，掌握的资源决定了他能够为公司做出什么样的贡献。创始人一定要从公司主营业务的内容和特点出发寻找合伙人，并且科学评估每个合

伙人的定位，做好分工，对他们的能力和潜在贡献做到心中有数，确保给他们分配的股权物有所值。投资人通常非常看重公司创始团队的实力，毕竟公司的发展需要依靠人的力量积极发挥作用。

4. 公司有长远规划，预留股权份额用于股权激励

在投资人眼中，股权结构中有预留份额用于股权激励，说明公司的创始人对公司有长远规划。当公司有新的合伙人加入，或对重要员工进行股权激励时，公司创始团队的原始股份不会被稀释，公司的稳定性不会被破坏，公司的发展方向不会改变。

第4章

如何确保创始人的控制权

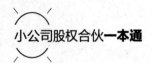
　　对公司的控制权主要体现于对公司事务的决策权。从广义上看，公司的决策机构主要包括三个层次：股东会是资本决策层，是公司权力机构，由股东根据各自持有的股权进行投票表决；董事会是战略决策层，负责制定公司的发展战略，董事每人一票表决；经理层是执行决策层，主要就日常经营活动、如何执行股东和董事会的决议进行决策，其决策权来源于章程的规定或董事会的授权。这三个机构将公司的控制权划分为三个层次：对资本的控制权，对董事会的控制权，以及对经营管理的控制权。

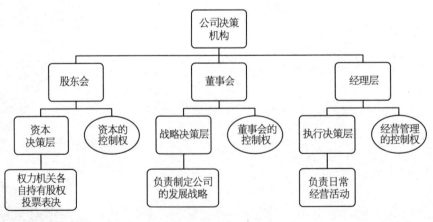

图 4-1　公司的决策机构

4.1　合理设计投资比例、股权比例、表决权和收益分配比例

　　创始人通过持有大比例股权而控制公司是较为常见的方式，但并不是唯一的方式。现实中，有的股东关心收益，有的股东关心控制权，有的股东关心投入的成本等，在进行股权设计时，可考虑不同股东的不同需求，合理地设计投资比例、股权比例、控制权（表决权）、收益分配比例等，在满足收益分配的前提下调整股权和控制权的分配，而不是简单地根据出多少钱、占多少股而拥有多少控制权（表决权）。法律并未禁止股

东内部对各自的实际出资数额和占有股权比例做出约定，做出这样的约定并不影响公司资本对公司债权进行担保等对外基本功能的实现，属于公司股东意思自治的范畴。因此，可以将投资比例、股权比例、表决权、收益分配比例分开计算。

《公司法》允许有限责任公司的股东出资比例与表决权比例不一致，或出资比例与收益分配比例不一致，给有限责任公司的控制权设计提供了很大的空间。由于创始人、投资人、员工等各方关注点不同，可在不同的股东间合理分配股权、控制权、收益权、转让权等，有针对性地进行股权设计，在满足各方需求的前提下可以更好地平衡融资、员工激励、为创始人保留公司控制权这三者间的矛盾，从而更大限度地保留创始人对公司的控制权。

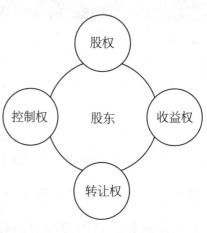

图 4-2　股东权益

4.2　从股东会层面控制公司

在不违反法律强制性规定的前提下，可以对股东会的职权做出调整，既可以增加也可以减少股东会的职权，为股东会权限和公司控制权设计留下很大的空间。一般而言，股东会的大多数事项由股东按出资比例表决，而董事会则按人数表决。股东会的人员构成与董事会的人员构成可能不一样，所以，把职权放在股东会或董事会，所代表的意义完全不同，对公司控制权的影响也不一样。

股东是出资成立公司的投资人，不一定常驻公司，也不一定参与公司日常的管理，这就是所有权与经营权分离，投资者

与管理者可以分开。股东参与公司的决策，可通过两种方式实现：第一种是召开股东会会议，股东通过行使表决权参与公司的决策；第二种是不召开股东会会议，全体股东一致同意且在相关文件上签名、盖章。

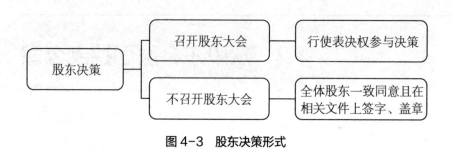

图 4-3　股东决策形式

4.2.1　股东会表决权的比例

1. 分配利润规则的设计

根据《公司法》第二百一十条规定可知，默认公司按股东实缴的出资比例分配利润，如果公司不按出资比例分配利润，需要全体股东同意，如果只有 67% 或 51% 表决权的股东同意则不符合该条规定。创始人可根据公司实际情况提前设计分配利润的规则。

2. "引入新股东"的表决比例

根据《公司法》第八十四条规定，引入新股东无须事先取得其他股东同意，但转让人应将股权转让的详细信息，如数量、价格、支付方式和期限等事项书面通知其他股东。不同意引入新股东者可在三十日内、同等条件下行使优先购买权。《公司法》对于多名股东行使优先购买权的情况也做出了规定。如公司股东对于上述规定存有异议，可以在公司章程中设计"引入新股东"的规则，并约定适当的表决比例。

3. 重大事项的表决比例

根据《公司法》第六十六条规定，公司的重大事项诸如"修改公司章程、增加或者减少注册资本的决议，以及公司合并、分立、解散或者变更公司形式的决议，应当经代表三分之二以上表决权的股东通过"。"应当""以上"意味着可以多于，不可以少于。股东会其他议事方式和表决程序，可由公司章程规定。如果公司章程规定某些事项需要得到高于三分之二表决权的股东同意通过，则持股 66% 的创始人对公司也没有控制权，持股 67% 以上才有可能掌握对公司的控制权。为保护创始人的控制权，在设计公司章程时要注意排除此项规则。针对某些特别事项，还可以在公司章程中赋予创始人"一票否决权"。

对于有限责任公司而言，共有五类规定涉及表决比例：全体董事人数过半，出席会议股东所持表决权过半，全体股东表

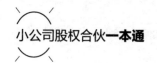

决权过半，全体股东表决权三分之二以上，全体股东一致同意。不同的事项获得通过需要的最低票数不同，公司章程可以对特别事项的表决规则进行灵活调整，体现了公司控制权设计的空间。

4.2.2 获得表决权的方式

根据《公司法》第六十五条和六十六条规定，公司章程可以规定股东不按照出资比例行使表决权，可以约定同股不同权，比如可以规定出资 20% 的股东拥有 80% 的表决权，可以让持股 20% 的股东拥有绝对控制权。这样也给公司控制权的设计留下很大空间。

如果没有另外规定，增资时默认在同等条件下股东按实缴的出资比例享有优先认缴权，不可自行扩展权利。但全体股东可以在章程中约定，增资时不按实缴的出资比例享有优先认缴权。保护公司控制权，应当在公司章程中做出规则设计。对于《公司法》和公司章程都没有明确规定的事项，可由股东按表决权比例进行表决。

4.2.3　股东协议特别约定

股东会决议包括股东之间的协议，这类协议体现了各股东的真实意思表示，且不违反法律、不与公司章程相冲突，应当与公司章程具备同样的法律效力。即使只在股东协议中规定了创始股东特权而公司章程中没规定，该股东协议的约定仍然与公司章程有同等效力。比如，股东可以通过签署协议约定两位创始股东拥有以下特别权利，且与股权比例没有关系：

（1）创始股东可以否决所有交股东会决定的事项；

（2）创始股东可以决定谁任董事长或执行董事；

（3）创始股东可以决定谁任总经理；

（4）创始股东可以决定谁任副总经理；

（5）创始股东可以决定总经理或副总经理的报酬；

（6）创始股东可以决定公司的管理架构和基本管理制度；

（7）如果两位创始股东意见不一致，按股权表决后的结果执行。

股东的特权设计如果不违反法律强制性规定，发生法律纠纷时法院并不干预，所以股东并不是只能按股权比例拥有表决权，还可以通过公司章程、股东协议等约定超越股权比例的特别权利。在股东协议与公司章程的规定不一致时，法院审理纠纷时以哪个为准的关键在于两份文件的形成时间，一般认为，后形成的文件更能体现股东最终的真实意思，涵盖了对之前文件的修正。除了在股东协议、公司章程等文件内容方面做足功夫以外，履约过程、通知、实施细节等也可能影响大局，不可忽视。

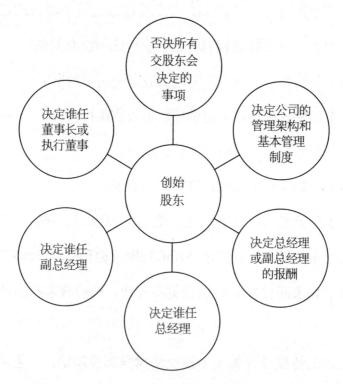

图 4-4　创始股东的特别权利

4.3　从董事会层面控制公司

股东随持股而确定身份，但董事身份可以和股东身份无关，也可中途更换。对于有限责任公司而言，《公司法》第五十九条规定由股东会选举和更换董事，除此之外没有更多关于选聘董事的规定。这给股东选举董事以很大的自由度，可以根据实际情况约定董事的产生规则。通过控制董事人选而控制董事会，也成为很多公司的创始人比较常采用的方式。除了规定董事人选的产生规则和辞任规则，还可以规定董事会表决的规则，以利于实现对公司的控制。

对于有限责任公司，除了一人一票，《公司法》并没对董事会的议事方式有强制性规定，这给了股东很大空间去创设规则。现实中，也有很多公司通过给某些董事设置特别权利从而影响董事会的决策：可以通过控制董事人选的产生而控制董事会，这种方法较适合持股比例较高或较强势的创始股东；可设计特殊董事的一票否决权，这对于话语权不足的小股东更有意义；还可通过设计董事会的职权、董事会投票规则而实现对公司的控制。通常创始人作为大股东，对规则的设计有更多的主动权和影响力，但也要掌权适度。

董事长是董事会里另一个重要因素。召开股东会或董事会会议，是通过会议行使表决权而实现公司控制权的主要途径之一，虽然董事长担任的主持人角色看似作用不大，但如不遵守规则，即便获得足够多票数同意也可能会因程序瑕疵而被法院撤销决议。要想掌握公司控制权，不可忽略董事长人选和会议主持人的规则设计。在有条件的情况下，可更明确地约定董事长的产生规则。关于董事长是否履行职务的问题，可以根据是否按公司章程规定召开董事会会议进行判断。

4.4　从管理层层面控制公司

　　虽然总经理的权力在股东会和董事会之下，但是日常执行机构对战略实施和日常业务管理、人员管理、机制设置拥有较高的权力，对公司的发展有重要影响。《公司法》对于总经理的职权并无强制性规定，仅规定经理对董事会负责，根据董事会的授权行使职权。公司可根据需要对股东会、董事会、总经理的职权进行调整，并在公司章程中做明确规定。另外，还可通过约定管理层人员的产生规则，实现间接控制管理层。

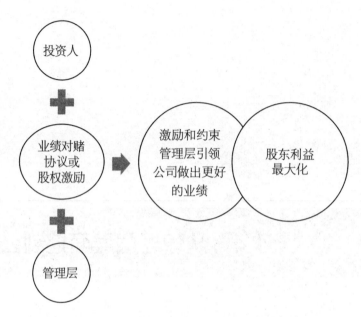

图 4-5　投资人与管理层如何实现财务目标

　　在股东、投资人与管理层人员相分离的情况下，不改变管理层人选，给管理层分配股权后，通过限制管理层的股份转让，将管理层的利益与股东利益绑定，再通过奖励和约束措施引导管理层做出更符合股东利益的行为，以实现股东利益最大化。投资人的主要目的是使投资获利，并不是为了直接参与公司的经营管理，所以，用利益机制引导比强硬管控更有利于实现投资人的目的。

4.5　利用好三个工具控制公司

4.5.1　签好股东协议

股东协议，就是股东间签署的协议，主要用于在创始人之间、投资人之间、持股员工之间、股权转让的股东之间等进行责权利的分配和约定。除了公司成立之初签订的股东协议外，可能有股权转让协议、用于融资的增资扩股协议、用于股权激励的员工持股协议等，协议中可以约定股东间的出资比例、出资形式、出资期限、持股比例、表决权设计、分红规则，董事、管理层任免规则，股权转让规则，股东的进入、退出、调整、继承规则等；还可能有对赌协议、一致行动协议等。

由于创始人、投资人、受让股权的人多是高智商、高投入、有高追求的人群，与后期股权激励阶段只关心收益不关心控制权的员工不同，他们通常既关心控制权也关心收益权，所以他们间的责权利分配比员工股权激励的设计更有难度，也更为重要。而且签了协议后，其中任何一方想要变更协议都不容易。对于非上市的有限责任公司，可以在股东协议或公司章程中规定特定股东的特别权利。

本小节所讨论的股东协议指广义的股东协议，包括公司上层股东间的协议，还包括公司股东间签订的协议，比如股东协议可以约定，某些特别的股东拥有超越股权比例的特别权利；股东协议也可以约定股东可以获得与出资比例不同的权益；股东不出资也能成为大股东等。除此之外，还有专门为解决控制权问题的协议，比如股东间签协议约定派出董事、监事、高管等人员的规则；股东间签署一致行动协议或委托投票协议等。通过这些协议，可以约定某些股东拥有超越出资比例或超越股权比例的控制权，股东不再是简单地持股 67% 就能拥有绝对控制权。

4.5.2　谨慎制定公司章程

公司章程是股东共同的意思表示，载明了公司组织和活动的基本准则，是公司的基本规定。公司章程对公司的成立及运营具有十分重要的意义，公司章程的每一个条款都可能决定公司的命

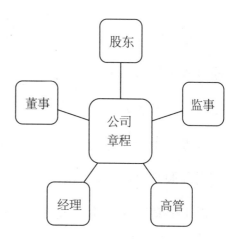

图 4-6　公司章程约束的对象

运。为保护对公司的控制权，公司的股东和发起人在制定公司章程时，必须考虑周全，规定要明确、具体而详细，力求避免歧义。公司章程对全体股东、公司的董事、监事、经理等高管均具有约束力，新加入的股东也要受其约束，而股东协议仅对签署协议的股东有效。创始人应当将股权设计的特别安排尽量都写入公司章程（具体内容已在前文介绍，此处恕不赘述），并在公司章程中约定股东协议与公司章程不一致时以公司章程为准，可以有效避免公司章程与股东协议不一致导致的纠纷。

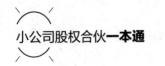

4.5.3 开好股东会、董事会会议

前文介绍过，除了通过持股 67% 掌握公司的控制权，还可通过股东协议、公司章程等约定控制权，约定后仍需要通过一定的形式去落实，比如通过股东会会议、董事会会议进行表决、决策等。小公司多为有限责任公司，应按照公司章程的规定定期召开股东会会议；代表十分之一以上表决权的股东，三分之一以上的董事，监事会或者不设监事会的公司的监事有权提议召开临时股东会议。通常召开股东会会议应当于会议召开十五日前通知全体股东，但公司章程或者全体股东可以对通知的日期自行约定。股东会应当对每次会议所议事项的决定做成会议记录，出席会议的股东应当在会议记录上签名或者盖章确认。

董事会会议的召集人和主持人应按照下列顺序确认：董事长→副董事长→半数以上董事共同推举一名董事，召集人和主持人递补的理由是董事长或副董事长不能履行职务或者不履行职务。董事会的议事方式和表决程序要严格符合公司章程的规定，董事会决议的表决实行一人一票。董事会应当对每次会议所议事项的决定做成会议记录，出席会议的董事应当在会议记录上签名。

第 5 章

股权合伙人的进入与退出

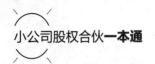

5.1　建立股权合伙人进入机制

股权合伙人进入公司是小公司开启股权合伙事业的开端，合伙人进入公司的规则主要涉及两个方面：一是什么样的人能够作为合伙人进入公司；二是明确规定进入的机制。合伙人的股权进入机制，必须在合伙公司初创时期就采用书面形式确定下来，让潜在的合伙人能够准确了解公司的要求并做出正确选择。本书第二章给出了选择合伙人的七个标准，并就优秀合伙人应当具备的品质给出了建议。但前述标准和品质更大程度上取决于创始人个人的主观判断，本节试图更进一步，帮助小公司从资源和条件两方面明确合伙人进入的客观要求，以及明确进入的机制。

5.1.1　合伙人应当掌握公司发展所需的资源

能够以合伙人身份加入公司的人，一定掌握着某种为公司所需要的资源，并且愿意拿出来与公司共享。

图 5-1　合伙人掌握的资源

1. 掌握领导的艺术

能成为合伙人的人选应当有管理和育人的能力，还要有较高的情商和领袖魅力，能够在公司里独当一面。所谓管理的能力，就是指合伙人要有领导者的风范。公司的领导者要做到知人善任，具备整合公司资源的能力。管理不仅仅是一门科学，更是一门艺术，采取高压政策管理公司的理念已经落伍，要做到以理服人、理中有情。所谓育人的能力，是要求合伙人要有发现和培养高潜质人才的能力，能够用自己的人格魅力吸引人才、团结人才，引领人才在实现个人抱负的同时为公司的发展做出贡献。

2. 具有足够的资金实力

资金是公司发展的前期基础，充足的资金可以有效提升公司的管理水平、运营能力，增强公司的竞争能力，保证生产经营资金的有序供应。同时，资金也是小公司合伙股份分配的一个重要考量因素，甚至有些公司直接按照传统思路，根据出资比例划分股份。因此，小公司一定会欢迎拥有强大资金实力的潜在合伙人进入公司。

3. 掌握行业顶尖技术

技术型人才是无可替代的，尤其对于高科技创业公司而言，掌握公司所处行业顶尖特殊技术的专家，可以直接以技术出资的形式成为公司合伙人。

4. 拥有公司需要的核心稀缺资源

公司的核心资源往往是比较稀缺和重要的，能够帮助公司形成竞争优势，公司对其依赖度较高。为公司提供核心资源的人，是保证公司成功发展的顶梁柱，对公司的发展起着举足轻重的作用，创始人一定会想方设法把掌握稀缺资源的人变为自己的合伙人。

领导艺术、资金实力、技术优势、稀缺资源，这些都是创办一家公司极为重要的因素。想要找到强大的合伙人，创始人自己首先要强大，必须具备上述一项或者几项要素，这样的创始人才能吸引到优秀的合伙人，共同把小公司做大做强。

5.1.2　合伙人需要满足的基本条件

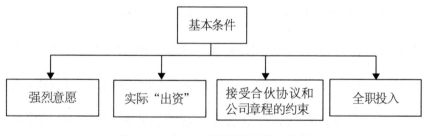

图 5-2　合伙人需要满足的基本条件

1. 有成为公司合伙人的强烈意愿

成为小公司的合伙人，往往意味着需要承担较大的风险和责任，需要具有创业的心态、足够的耐心和顽强奋斗的精神，甚至可能需要忍受在较长一段时间内收入难以维持日常生活的状态，这就要求当事人必须有成为合伙人的真实意思表示和强烈的意愿，高度认同合伙精神，愿意为合伙事业付出努力。

2. 实际履行出资义务

实际出资是合伙人对公司最重要的义务，是确认股权和合伙人身份的重要标准。合伙人出资的形式不局限于现金，可以是厂房、机器设备、土地使用权、先进技术、知识产权等，

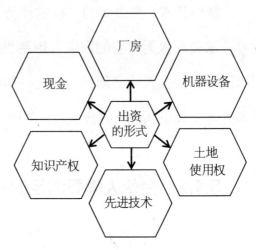

图 5-3　合伙人出资的形式

无论采取何种方式，必须按照约定的条件和时间实际投入公司。2023 年 12 月 29 日修订的《公司法》第四十九条对于此项义务做了明确规定，合伙人作为股东，应当按期足额缴纳公司章程规定的出资额。如合伙人没有按照约定期限足额缴纳出资，应当向公司足额缴纳，并且对给公司造成的损失承担赔偿责任。

3. 愿意接受合伙协议和公司章程的约束

合伙人仅有加入公司的意愿和意思表示还不够，还必须愿意接受合伙协议和公司章程的约束，其外化表现为签署协议和公司章程后，合伙人按照约定行使权利、履行义务，并承担相

应的责任。

4. 全职投入公司的工作

小公司一步步做大做强绝不是坦途，需要创始团队经过长期的努力才有可能获得回报。放弃原本稳定的工作和收入，全职投入公司的工作是对合伙人的必备要求。如果合伙人兼职，会大大削弱整个公司的士气。

5.1.3　初创时就要慎重确定合伙协议内容

合伙人进入的规则要在公司初创时就确定下来，这样才能让人才、资本和资源有序进入。合伙之前，创始合伙人必须先就合伙协议中的所有条款达成共识，使合伙人充分认识自己的权利和义务，以及自己能够得到的利益。

合伙协议的约定包括但不限于以下内容：公司的行业定位、战略目标；各合伙人出资形式、股权结构和比例、财务管理及知情权等；合伙人的分工及职责、薪资、表决权约定、合伙人权利与义务；股权成熟及股权稀释；股权激励、股权锁定和股权转让；合伙人进入和退出，价格约定和清算；合伙人竞业限制、保密；合伙人违约责任、争议解决、通知和生效等。

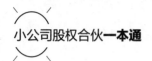

5.2　明确合伙人退出机制（主动退出）

　　小公司在发展过程中总会遇到核心人员的波动，合伙人因意见不合或利益纷争选择离开的情况并不少见。如果没有合伙人退出机制对合伙人退出时的股权做详细规定，一方面可能因为合伙人带走股权对公司利益和其他合伙人的利益造成损害；另一方面也可能导致合伙人辛苦工作若干年，却不得不净身出户，这是所有创业者都不希望看到的局面。

　　设计合伙人股权退出机制，不仅保障了留在公司的合伙人的利益，保证了公司的稳步发展，对退出公司的合伙人的权益也提供了保障，是一举多得的好事。所以在公司创始初期，合伙人设计股权分配架构的时候，就要设计好股权退出机制，并保证后期按规定执行。此外，在公司发展过程中，还会遇到持股合伙人发生意外的情况，也会导致合伙人退出。所以，在设定股权退出机制时，要全面考虑这些因素，并做好应对方案，比如合伙期限、违约金、股权回购的方式等。提前制定退出规则，能让合伙人消除后顾之忧，会使合作更长久、更稳定。

5.2.1　明确财产分割原则

合伙人退出一定会涉及公司财产的分割，为了避免因财产分割引发合伙人之间的剧烈冲突，创始团队应当预先约定在不同阶段合伙人退出时财产的分割原则。对于退出的合伙人，一方面，可以全部或部分收回股权；另一方面，必须承认合伙人的历史贡献，按照一定溢价或折价回购股权。这个基本原则，不仅仅关系到合伙人的退出，更关系到公司的合伙精神和文化建设。

合伙人退出时，公司回购股权价格的确定主要应考虑两个因素：一个是退出价格基数，一个是溢价或折价倍数。比如，

可以考虑按照合伙人买股权时的购买价格的一定溢价回购，或退出合伙人按照其持股比例可参与分配公司净资产或净利润的一定溢价，也可以按照公司最近一轮融资估值的一定折扣价回购。

一方面，如果按照合伙人退出时可参与分配公司净利润的一定溢价回购，合伙人很可能干了多年，退出时却净身出户；另一方面，如果按照公司最近一轮融资估值的价格回购，公司又会面临很大的现金流压力。因此，对于具体回购价格的确定，需要分析公司具体的商业模式，既让退出合伙人可以分享公司的成长收益，又不让公司有过大的现金流压力，预留一定的调整空间和灵活性。

确定财产分割原则时还可以结合公司发展阶段综合考虑。通常情况下小公司在成立一年之内很难盈利，如果此时合伙人要求退出，可以将其原始投入的资金全部返还。小公司成立一年以后，若公司仍然没有盈利，合伙人要求退出，则可以用公司账面净资产作为公司价值按比例计算合伙人的退出资金。小公司成立一年后且有了盈利，此时合伙人要求退出，可以按照公司净资产的倍数作为公司价值计算退出资金，倍数的具体取值要根据公司的发展状况确定。公司进入成熟期后合伙人退

出，可按照公司的估值进行适当的溢价，对合伙人手里的股权
进行回购。

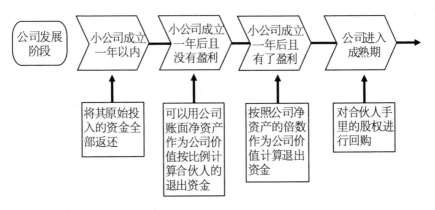

图 5-4　结合公司发展阶段确定财产分割原则

5.2.2　做好资金和人员的应对

合伙人退出时进行财产分割难免会影响公司的现金流，对
此，公司应根据自身的资金情况留出适度的备用金，力求避免
因为某个合伙人退出而影响公司的正常运转。同时，合伙人退
出也会影响公司的人力资本状况，公司应当提前寻找和接触适
合公司发展的潜在合伙人，及时补充新鲜力量，保证公司平稳
发展。

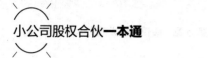
5.2.3 做好法律上的安排

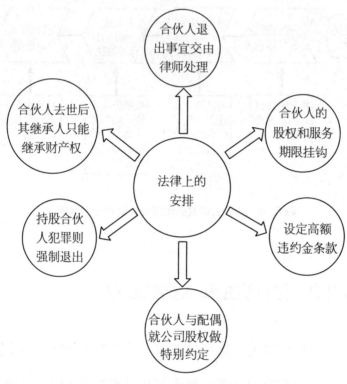

图 5-5　法律上的安排

1. 合伙人退出事宜交由律师处理

公司合伙人提出退出时，最好的处理方式是由律师代表公司出面交涉。律师不是当事人，不会受合伙人之间感情的影响和支配，能够保持独立客观的态度，能够在法律框架内最大限度维护公司的利益，同时又不至于引发退出合伙人的不满情绪。退出的合伙人跟律师洽谈也无须委曲求全，可以毫无顾忌地表明自己的诉求。律师的介入除了可以提供专业的法律服务外，在公司、其他合伙人与退出合伙人之间也构建了一个缓冲区，比较容易使事情形成双赢的局面。

2. 在合伙协议中约定合伙人的股权和服务期限挂钩

在合伙协议中可以约定合伙人的股权与服务期限挂钩，股权先由创始股东代持，在合伙人服务一定年限之后，由创始股东把股权给予合伙人。

3. 设定高额违约金条款

为防止合伙人退出公司时不同意公司回购股权，可以在设计股权退出机制时，对于离职不交出股权的行为，为避免司法执行的不确定性，约定离职不退股要付高额违约金。

4. 要求合伙人与配偶就公司股权做特别约定

社会离婚率偏高的现实，也是公司在设计股权架构时需要考虑的问题。根据《民法典》的规定，夫妻关系存续期间，如果没有特殊约定，股权被视为夫妻共同财产。如果某位合伙人离婚，他所持有的股权将被视为夫妻共同财产进行分割，这样，不仅影响家庭，还影响公司的发展时机。如果是公司的创始人离婚，其股权的分割很可能导致公司实际控制人发生变更。因此在设计股权退出机制时，可以要求合伙人与现有或未来配偶约定股权为合伙人个人财产，或约定如果合伙人离婚，其配偶可以得到经济利益，但放弃就公司股权主张任何权利。

5. 约定持股合伙人犯罪则强制退出

如果合伙人中有人犯罪，被追究刑事责任，其不能或不适合再继续参与公司管理，应强制其退出公司，他的未成熟股权由其他合伙人溢价或折价回购。

6. 约定合伙人去世后其继承人只能继承财产权

根据《民法典》的规定，股权属于股东（合伙人）的个人合法财产，在股东（合伙人）去世后属于遗产范畴，能够被其合法继承人继承。《公司法》同时规定，自然人股东去世，合法继承人有权继承股东资格。公司章程可以排除此项规定。实践中，为了避免因股东资格的继承给公司带来不便和隐患，可以提前通过公司章程约定：一旦有一方合伙人去世，其继承人只能继承股权财产，而不能继承股东权利。

第 *6* 章

构建适合股权合伙结构的管理体制

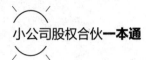
6.1 转变管理理念

小公司在设计股权合伙制度时，除了设计合伙规则外，还需要构建与股权合伙结构相匹配的管理体制。前文已经提到，股权合伙相较于传统劳动关系的优势在于能够做到以人为本，全员成为公司的主人，共享公司的价值。传统的公司组织结构呈现金字塔型，管理层级多，上下级存在较严格的管理与被管理关系，员工的积极性和创造性难以充分发挥。在实现股权合伙制的小公司，创始人应当认识到员工不再是自己的下级而是事业上的合伙人，彼此间没有等级的高低，只有分工的不同，人人平等。

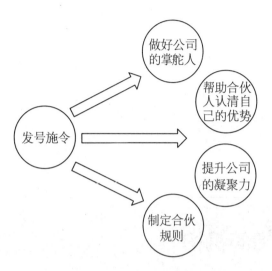

图6-1　管理观念的转变

　　实现股权合伙制小公司的创始人的主要工作不再是发号施令，不再整天忙于管人、管具体事务，而是做好公司的掌舵人，明确公司的发展方向和经营战略；帮助合伙人认清自己的优势，做好分工；提升公司的凝聚力，团结合伙人，激发他们的创造力和工作潜能；制定人性化的合伙规则，促进信息公开，鼓励和指引合伙人进行自我调整，使其主动配合公司的发展目标，成为与创始人同心同德、步调一致的领导者，在创造公司价值的过程中实现自己的人生价值。

6.2　精简机构

　　公司创始人转变管理理念后，需要将其落实到管理实践中，如将多层级的公司机构改造成仅有创始人、部门负责人和员工三个层级的扁平化组织，每个员工都是自己的领导者和管理者，对自己的项目负责，自己做决策，最大限度地减少管理和沟通的成本，提高工作效率。在这样的机构设置之下，公司不必设立诸多职能部门，能够大大降低管理成本和人力成本。同时，公司为员工提供施展才华的平台，并且充分信任员工，即使是一线的普通员工，也会逐渐培养出强大的内驱力和自我管理能力，把全部精力集中于技术研发、开拓市场等核心业务，形成脚踏实地、务实的工作作风。精兵强将是最符合小公司利益的团队特征。

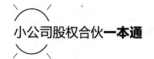

6.3　简化流程

　　通常小公司的产品线不会很多，生产规模有限，产业链不会很长，因此不必像大公司一样追求"严格化、标准化"的运营流程。股权合伙制小公司的管理层级少，一线员工直接面对市场和客户，能够自主决策，具有管理者的格局和视角，信息分享和沟通的渠道顺畅，使得小公司能够及时发现市场的变化并做出应对和调整。在这种情况下，运营流程应当尽可能简化，公司可以根据所处行业和自身实际情况抓大放小，如在资金和产品质量控制方面规定严格的流程。在项目的其他方面，允许员工在遵守法律法规、符合商业伦理、不损害集体利益的前提下，以实现组织目标、提升整体运营效率为导向简化流程。

6.4　明确决策规则

　　小公司在成立之初，合伙人往往各有所长，各有各的理想和抱负，为减少后续公司发展过程中合伙人因意见相左产生的矛盾，减少内耗，应当尽快确立核心创始人的决策者地位，并明确决策规则。能够成为合伙公司的核心创始人，应当是明智的、沉着冷静的、权威的，具有决策力，勇于承担责任的人。

图 6-2　决策规则

公司常见的决策规则主要有"一票否决制"和"少数服从多数制"两种。"一票否决制"又称"全体一致规则"，要求所有拥有表决权的合伙人都对某项决策方案投赞同票才算通过，为防止合伙人滥用该项制度，实践中通常只有核心创始人才能拥有"一票否决权"。"少数服从多数制"也叫"多数规则"，采取少数服从多数的原则。公司应当在公司章程里明确规定决策规则，如普通事项由代表二分之一以上表决权的股东表决通过；特别事项由代表三分之二以上表决权的股东表决通过。

在核心创始人没能持有多数股权的情况下，还可以与其他合伙人股东签订《一致行动协议》，确保双方就公司事项行使表决权时协商一致，形成一致意见。此外，其他合伙人股东还可以将其股份对应的参与公司决策的表决权利委托给核心创始人行使，以帮助核心创始人获得比自己股份更多的投票权，确保核心创始人在股权被稀释的情况下仍然能够将最终的决策权掌握在自己手中。

公司还可以采用"同股不同权"的双层股权设计。双层股权结构又称为"AB股模式"，A类股每股有一票投票权，一般为投资者持有，这类股东不想参与公司运营管理，因认可公司发展前景甘愿放弃部分或全部投票权，主要享受利益分配权。B类股每股享有N票投票权（如十票），一般由公司创始人或创始团队和管理层持有，虽然持有的股权不多，却可能掌握多数投票权，进而掌握公司事务的决策权。

除上述对于决策权的特殊安排外，另有持股平台、双层公司架构、多层股权等形式可为创始人获取决策权助力，但这些模式较复杂，不适合小公司采用，此处恕不赘述。

6.5　依法建立财会制度，公开财务信息

公司的财务报表能够反映公司整体财务状况、偿债能力、经营成果、盈利能力和现金流量状况。财务账目管理是公司内部管理的中枢，公司运行的每个决策都建立在真实的财务信息基础之上。由一个合伙人独揽财政大权，不公开财务信息，容易使公司的账目混乱，财务信息失真，其他合伙人会质疑公司的经营状况和收支情况，会对公司利益分配是否公平心存疑虑。

小公司虽小，也要按照国家法律法规的要求设立会计账册，

实现不相容职务分离，规范财务审批权限和程序，建立健全会计档案管理制度，分别保管财务专用章和公司法人章，所有印章的使用都需要进行登记并且注明用途。《公司法》赋予监事会检查公司财务的职权，此外，公司的财务状况应当在合伙人之间定期公示，由合伙人轮流对公司账目进行监督和审查，以确保公司账目清晰、资金安全、财务信息真实有效。

6.6 制定罢免规则（被动退出）

在合伙的过程中，难免会有个别合伙人不能和大家齐心协力，或怠于履行合伙人的职责，或假公济私损害公司利益，或有其他违反合伙协议约定的行为，因此，有必要对合伙人引入优胜劣汰机制，由创始合伙人协商一致，提前制定罢免规则。

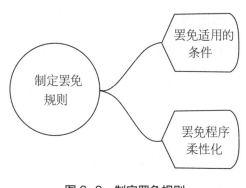

图6-3 制定罢免规则

　　罢免规则首先应明确罢免适用的条件：通常是合伙人不能胜任职务，或对公司发展造成严重的负面影响，不再认同公司的经营理念或其他合伙人的行事风格，合伙人之间出现无法调和的激烈矛盾等。被罢免的合伙人一定是不再能够为公司创造价值的人，或是留下来弊大于利的人。

　　一旦出现罢免事由，就要坚决执行，不能优柔寡断。但罢免的程序却应当是柔性的，尽量人性化：罢免前应当与被罢免的合伙人进行深入沟通，友好协商，尽量取得其理解；同时尽力争取其他合伙人的支持，维护公司的稳定和正常运营；积极寻找更合适的替代者。如果该合伙人对公司的发展非常重要，可以考虑在不影响公司现金支付能力的前提下按照他的投资比例和以往对公司的贡献进行合理的经济补偿，同时说服他放弃合伙人身份，转而担任公司的特别顾问，由公司在一定期限内回购他的股份。如果该合伙人拒绝沟通，公司可以委托律师与其商谈，避免正面冲突。

　　小公司在处理罢免合伙人事宜时，一定要深思熟虑，力争把对公司的伤害降到最低，同时还要安抚其他合伙人，让大家吸取教训，能够更紧密地团结在一起，继续信任公司、支持公司。

6.7　注重公司的企业文化建设

　　企业文化常被一些人看成是可有可无的东西，有些人甚至认为只有著名的大公司才需要建设所谓的企业文化，其实不然。好的企业文化能够为公司的发展提供精神支柱，能够提升公司的核心竞争力。企业文化的三个基础是使命、愿景和价值观，使命是公司存在的终极目的；愿景是公司 10 年以上的奋斗目标和理想；价值观是公司经营的根本信条和行为准则。企业文化能够让合伙人统一思想，找到工作的成就感；能够激发合伙人的顽强信念和拼搏精神，找到努力的方向；能够让合伙人

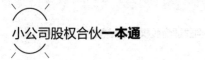

不忘初心，坚守行为底线。

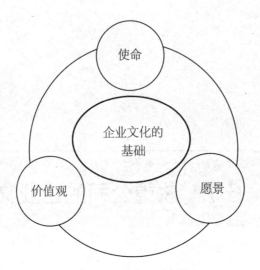

图6-4　企业文化的基础

第 7 章

小公司怎样做好股权激励

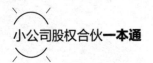

7.1 正确认识股权激励

　　股权激励，是公司为了激励和留住核心人才而推行的一种长期激励机制，通过附条件给予员工部分股东权益，在激励对象与公司之间形成以股权为基础的激励约束机制，使员工具有主人翁意识，与公司形成利益共同体，积极主动地关心公司的长期健康发展与价值增长，帮助公司实现稳定发展的长期目标，推动公司一步步走向辉煌。

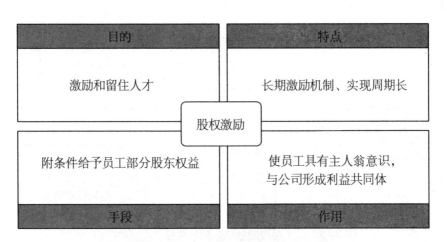

图 7-1　正确认识股权激励

1. 不要将员工股权激励机制与股东投资机制混同

员工股权激励机制与股东投资机制有着本质的不同。员工股权激励机制是员工薪酬激励的一种，是以股权的方式体现员工的收益，这种收益本质上还是对于员工贡献的衡量；而股东投资机制则是以股东的出资作为收益的基础，本质上是对于股东资本的衡量。所以，在实施员工股权激励机制时不能将员工股权激励等同于股东投资。公司在业务模式不稳定或业务在短期内无法实现盈利的情况下，要慎用员工股权激励机制。

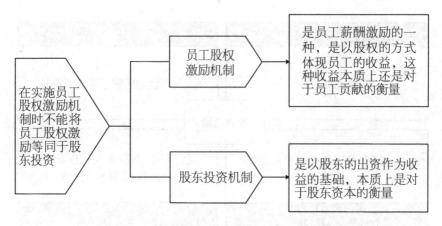

图7-2　员工股权激励机制和股东投资机制的区别

员工股权激励机制是将公司的收益转化为员工收益的一种激励形式，但在公司业务模式不稳定或业务短期内无法实现盈利的情况下，公司就无收益可以分配，某种程度上，会导致员工股权激励机制失效，或者，会产生员工对公司失去信心等负面作用。

2. 不能以股权激励机制替代员工的工资、福利等短期激励机制

股权激励机制是员工激励机制的一种，是一种长期的激励机制，它的特点是实现周期长（一般至少以年度为单位核算股权收益），有利于长期保留员工。但是，在实行过程中，需要注意股权激励机制并不能替代工资、福利等短期激励机制，必

须将短期激励与长期激励相结合执行，才是有效稳定与保留核心员工的方式。

　　员工股权激励机制已经逐步成为公司对员工进行长期激励的一个重要组成部分，越来越多的公司希望引入员工股权激励机制。但是，要注意，一定要根据公司的实际情况，进行综合考虑后，再确定是否采用员工股权激励这一方式。此外，员工股权激励机制是一个较为复杂的系统，需要专业人员进行系统、全面的设计之后才能分步实施。

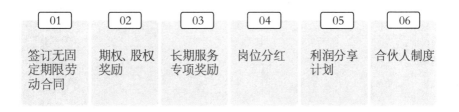

01	02	03	04	05	06
签订无固定期限劳动合同	期权、股权奖励	长期服务专项奖励	岗位分红	利润分享计划	合伙人制度

图 7-3　公司员工长期激励的主要方式

　　在公司逐渐发展壮大的时候，人才将成为最宝贵的资源。如何吸引优秀人才，稳定员工队伍，提高员工的工作积极性、创造性，是公司创始人必须思考的问题，这时候导入股权激励机制是很多公司都会采取的办法。股权激励有利于端正员工的工作态度，提高公司的凝聚力和战斗力，可以减少人才流失，

维持公司战略的连贯性，还能够吸引优秀人才加入，为公司不断输入新鲜血液。同时，股权激励政策还可以降低即时成本支出，为公司应对危机储备能量。

7.2　小公司实施股权激励的重要性

很多人对于股权激励存在一个认识误区：只有大型跨国公司、上市公司、龙头公司等才需要做股权激励，小公司谈股权激励为时尚早。其实有很大比例的著名公司，在公司发展初期或上市前就实施了股权激励。股权激励是公司对内的激励，对内激励的目的就是为了将公司快速做大。

公司发展壮大需要优秀员工的支持，股权激励能够激发员工的工作激情，能够对员工的福利有所改善，能够稳定军心，因而能够留住员工。员工转换身份后，能够自发地燃起工作热情，主动、积极地为公司做出贡献，最大限度发挥潜在价值。对于小公司来说，员工有此觉悟后，监督的成本将会大大降低。对于员工来说，其薪资收入是短期回报，股权中的分红是长期回报，想要获得股权激励的员工，必须舍弃一些短期回报，这使得小公司能够在短时间内节省现金流开支，将更多的资金用于公司经营，从而获得更多的发展机会。同时，股权激励能够帮助小公司更好地约束员工。员工享受激励的权利通常是有一定前提条件的，比如在规定的服务期限内不能离职，如若离职的话就需要将分得的股权返回给公司。如此，通过股权激励的实施，公司和员工上下一心，团结一致，才有可能实现双赢。

7.3　常用的股权激励工具

　　小公司从开始创立，一直到未来可能在新三板挂牌，或在创业板、科创板、北交所上市，整个生命周期都应当设计并推行适当的股权激励制度。比如，小公司在初创期，人才是最关键、最稀缺的资源，由于公司的未来尚不明朗，在这个阶段要授予合伙人实股股权，方能取得较好的激励效果；待小公司成功跨越创业初期，进入高速成长期，是实施股权激励能够获得最好回报的阶段，对于优秀的高管应给予实股股权，对于核心技术骨干和中层管理者可以考虑给予期权或者

虚拟股权；小公司经历高速发展，条件成熟时可能会考虑在新三板挂牌或在创业板、科创板、北交所上市，那么，挂牌或上市前通常会再进行一轮实股股权激励。上市后，公司进行股权激励可选择的工具更加丰富。

目前可供公司选择的股权激励工具有多种，如股票期权、限制性股票、员工持股计划、业绩股票等。公司可根据自身经营情况和激励对象的特点，组合使用多种股权激励工具，并根据激励效果进行调整。下文将介绍几种成熟的股权激励工具。上市后的小公司可以在图7-4所示的股权激励工具中进行自由选择。而适合上市前小公司采用的股权激励工具主要包括股票期权、限制性股票、员工持股计划、虚拟股票、股票增值权、账面价值增值权、期股及业绩股票等。虚拟股票、股票增值权、账面价值增值权属于虚拟股权工具。

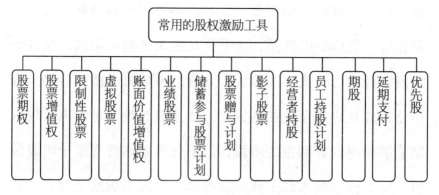

图7-4　常用股权激励工具

1. 股票期权

股票期权是公司授予激励对象的一项权利，即在规定期限内（行权期），满足绩效考核要求的激励对象可以按照既定价格（行权价）购买公司一定数量的流通股票。激励对象可以选择是否行使及何时行使该项权利，但不得将其转让、用于担保或偿还债务。

用于激励的股票期权主要有三个来源：（1）股东将自己所持有的股权转让给激励对象；（2）公司向激励对象增发新股；（3）公司自二级市场回购股票。股权激励的目的是留住人才，公司往往会以较低行权价授予激励对象股权。但市场瞬息万变，也可能会出现公司股价下跌超过预期的情况。当行权价高于股价时，激励对象可选择放弃行权。

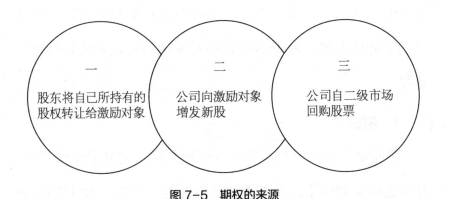

图 7-5　期权的来源

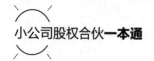

2. 限制性股票

限制性股票是指公司按照股权激励计划规定的条件，授予激励对象一定数量的公司股票，并约定一年以上的限售期。该类股票在解除限售前不得转让、用于担保或偿还债务。当公司业绩、个人条件等满足解除限售的条件时，激励对象可按要求分期解锁，并可在二级市场转让该类股票。

3. 业绩股票

业绩股票是指公司对于年终达到年初预定业绩目标的激励对象授予一定数量的公司股票，或提取一定数额的奖励基金供其购买公司股票。根据股权激励计划持续的周期不同，公司可以对业绩股票的流通和变现在时间及数量方面进行限制。限制性股票与业绩股票均对公司业绩及激励对象的个人条件有要求，但二者取得的时点不同，前者在签订股权激励协议后即可授予激励对象，后者则需激励对象达到一定业绩目标才能获得。

4. 期股

期股是指公司利用年薪（或特别奖励）的延迟支付部分，对其进行分期转化，或向激励对象提供"贷款"，供其购买公司股份。在激励对象完成全部分期付款或将"贷款"还清前，其对购买的股份尚不能享有完整的所有权，故称之为"期股"。激励对象对期股享有分红权，但需用分得的红利偿还购买期股的"贷款"。期股变为实股的基础条件是公司收益良好，有可供分配的红利。激励对象的个人利益与公司发展实现中、长期捆绑，会更加积极主动地提升公司业绩。

5. 股票增值权

股票增值权是指公司按照激励计划授予激励对象一定份额的股票增值收益的权利。激励对象无须实际购买公司股票，不享有表决权和分红权，不能将股票增值权转让或用于担保、偿还债务等。公司股票增值收益为期末股票市值与期初授予价格的差额，如差额为正，则激励对象可选择行权，由企业用现金进行支付。

6. 虚拟股票

虚拟股票并非真正的股票，是指公司授予激励对象一定数额虚拟的股权凭证，如公司实现预定业绩目标，则激励对象可据此享受分红权和股价升值的收益。虚拟股票不能转让，持有人不需要出资，无表决权，对公司的股权结构和决策权没有影响。虚拟股票较适用于对激励对象进行短期激励，对公司现金流要求较高。一旦激励对象离开公司，虚拟股票就自动失效。

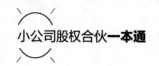

7. 账面价值增值权

账面价值增值权是指公司授予激励对象享受公司每股净资产增加值的权利。公司可与激励对象约定，在激励计划执行初期按每股净资产值购买一定数额的公司股份，期末按当时每股净资产值由公司进行回购。双方也可约定期初由公司直接授予激励对象一定数额的名义股份，期末根据每股净资产的增值计算收益，公司向激励对象支付现金。激励对象不享有股份的所有权、表决权和配股权，且账面价值增值权不能转让，一旦激励对象离开公司，则失去该项权利。

8. 员工持股计划

员工持股计划是指激励对象（通常为董事、监事、高级管理人员、核心员工、技术骨干等）利用自有资金以优惠价格受让公司股份（或股票），享有分红权和表决权。公司可根据公司业绩和激励对象个人业绩，设置股权（或股票）分期解锁的比例。持有人会议为员工持股计划内部管理的最高权力机构，下设管理委员会，代表持有人行使股东权利。在员工持股计划存续期内，激励对象所持的股份（或股票）一般不得转让、用于担保或偿还债务。员工持股计划锁定期届满后，由管理委员会变现持股计划资产，并按份额分配给激励对象，或直接将标的股票过户至激励对象个人账户。

9. 储蓄参与股票计划

储蓄参与股票计划面向除高管外的普通员工，要求员工每月都将工资的一部分存入公司设立的储蓄账户，一年有两次机会以低于市场价的价格（如市场价的 85%）购买本公司股票，激励对象的收益为计划期初公司股票购买价与计划期末公司股票市场价之间的差额。

10. 股票赠与计划

股票赠与计划是指股东自愿将自己持有的部分股票一次性或分期赠与激励对象，可以附加诸如服务期、个人业绩目标等限制条件，也可以不附加任何条件。处于发展关键期的公司会考虑选择股票赠与计划锚定对公司具有重要价值的高管、核心员工或技术骨干。

11. 影子股票

影子股票是指公司给予激励对象一定数量的"影子股份"，其所产生的收入与一定时期内公司股票价格的升值绑定，适用于对激励对象进行长期激励，与公司实现双赢。

12. 延期支付

延期支付是指公司将激励对象包括年度奖金、股权激励等收入在内的部分薪酬延迟发放，按照计划执行当日公司股票的市场价格折算成股票数量，存入公司设立的延期支付账户。待行权条件成熟时，公司按照行权日股票的市场价格向激励对象支付现金。激励对象的收入通过延期支付计划与公司股票价格（即公司业绩）绑定，若公司股票价格在行权时上升，则激励对象将获得收益，反之则遭受损失。延期支付计划与股票期权的区别在于，在后者情况下，若激励对象行权时股票价格下跌，激励对象可以选择不行权；而在前者情况下，激励对象只能努力提升公司业绩，避免自身利益受损。

13. 经营者持股

经营者持股是指经营者作为激励对象，按照与公司约定的价格购买一定数额的公司股票，享有股东表决权和分红权。经营者持有的股份通常在任期内锁定，离职半年后方能解锁。经营者持股对经营者而言激励与约束并重，能够有效避免其实施损害公司利益的短期行为。

14. 优先股

优先股是指公司向激励对象发放具有优先分配公司利润和剩余财产权的股票。激励对象成为优先股股东后不能退股，但可由公司赎回。优先股可享受固定股息，不受公司经营业绩下

滑的影响，通常没有表决权、选举权和被选举权，仅就与自身
利益直接相关的特定事项拥有有限表决权。

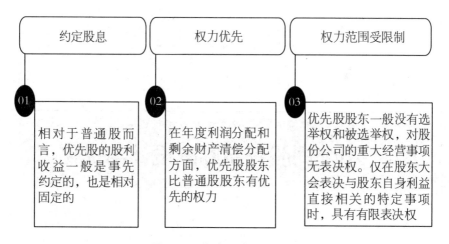

图 7-6　优先股的主要特点

7.4　小公司股权激励的设计与优化

7.4.1　设计股权激励要做好准备工作

股权激励制度的确立是一项集专业、技巧及系统于一体的工程，涉及公司的战略、组织结构、资源配置、人事安排等诸多领域，并需要结合法规政策、市场把控等，做好前期准备工作特别重要。

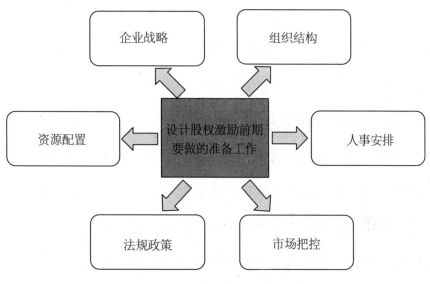

图 7-7　设计股权激励前期准备工作

1. 认清公司的战略方向

公司的管理者对于公司未来 3 年、5 年，甚至是 10 年以后的战略方向要有清晰的认识。一套股权激励制度的寿命至少是 3~5 年，在这个过程中，公司应当选择符合其发展战略的人员作为激励对象，如技术导向型公司的发展战略是科技创新，应当重点激励研发人才；服务导向型公司的发展战略是国际化，应当重点激励具有开拓国际市场能力的人才；销售导向型公司的发展战略是品牌化，应当重点激励具有强大品牌策划能力的人才；等等。对激励对象的股权激励也应当以战略为核心，结合公司实际情况，灵活采用多种股权激励工具。当然，股权激

励也不是万能的，不能公司出现了问题就想要靠股权激励来克服。另外，良好有效的股权激励制度的实施，还要求公司的企业文化、营销手段、组织结构能与之相匹配。

2. 在公司内部要进行深度沟通

中国人比较内敛含蓄，常常不愿意表达自己的真实想法，老板在与合伙人和员工谈论股权分配问题时，对方很可能表现出一副不在意的样子，但有可能心里并不满意。实行股权激励制度的公司，创始人一定要与被激励对象进行深入的沟通，及时掌握被激励对象的心理预期。区别于短期的福利计划以及变现行为，股权激励制度更像是一套长期持续、开放包容的体系，对于被激励对象来说是一次非常好的发展机遇，转换身份后可以在公司内部参与公司发展战略的制定，对于个人的发展十分有益。

3. 要对公司进行深度调研

股权的分配是一件大事，值得公司的负责人花费大量的时间与精力进行细致的研究。每个公司都有自己的特殊之处，股权激励制度不是万能的，只有最适合公司的，能将公司的实际情况与当前的外部市场环境结合起来的分配方案，才能发挥出最好的效果。

7.4.2　股权激励制度的设计

设计股权激励制度时首先要考虑公司的发展周期，要选择适合公司的方案，而方案的设计主要着眼于以下八个关键因素。

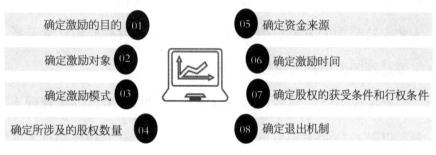

确定激励的目的	01
确定激励对象	02
确定激励模式	03
确定所涉及的股权数量	04
05	确定资金来源
06	确定激励时间
07	确定股权的获受条件和行权条件
08	确定退出机制

图 7-8　股权激励制度设计的八个关键因素

1. 确定激励的目的

不同性质、不同规模的公司，或者同一公司处于不同的发展阶段，实施股权激励的目的不同：或是为了吸引并留住对公司整体业绩和持续发展有直接影响的管理骨干和核心技术人员；或是为了调动员工的工作积极性，为公司创造更大的价值；或是为了回报老员工，使他们扶持新人成长……明确实施激励计划的目的，是公司制定股权激励方案的第一要素，也是最重要的一步。明确了目的，也就知道了激励计划需要达到的效果，接下来才能据此选择合适的激励模式，确定相应的激励对象和实施程序。

2. 确定激励对象

确定激励对象，也就是股权的受益者，一般有三种：第一种是让全员参与，这主要适用于公司初创期；第二种是让大多数员工持有股份，这主要适用于公司高速成长期，留住更多的人才支持公司的发展；第三种是让关键员工持有股份，受益者主要是管理人员和关键技能人员。

大多数小公司的重点激励对象为公司的董事、高级管理人员，以及对公司未来发展有直接影响的管理骨干和核心技术人员等。在确定激励对象时，要综合考虑其职务、业绩和能力等因素，对于不符合条件的宁缺毋滥，不要把股权激励变成股权福利、股权奖励。

3. 确定激励模式

如前文所述，股权激励的模式多种多样，在具体应用中，还将不断有新的股权激励模式被创新出来。小公司要根据公司内、外部环境条件和所要激励的对象的不同，结合各种股权激励模式的作用机制，选择适合自己公司的、有效的股权激励方法。

一般来说，中小型公司比较青睐虚拟股票（股份）和账面价值增值权等模式，非上市公司通常使用期股、员工持股计划、虚拟股票（股份）等模式，股票期权、业绩股票、延期支付等模式则是上市公司的首选。

如果公司的激励对象是经营者和高级管理人员，期股、业绩股票和股票期权是比较好的激励模式；如果激励对象是管理骨干和技术骨干等"重要员工"，激励模式可选用限制性股票和业绩股票；如果激励对象是销售部门负责人或销售业务骨干，业绩股票和延期支付是较适用的激励模式。

4. 确定所涉及的股权数量

股权数量包括股权总量和个量两方面。

股权总量是指用于股权激励计划的股权数量总和，是可以用于股权激励的股权量占总股本的比例，它与公司总股本的多少有密切关系。虽然不同行业、不同规模、不同发展阶段的公司，用于股权激励计划的股权总量一般有所不同，但是无一例外，公司必须对该部分股权总量进行严格的控制：上市公司实施股权激励所涉及的股权总量一般不得超过公司股本总额的10%，首次实施股权激励所涉及的股权总量应控制在公司股本总额的1%以内。但非上市公司则可以灵活掌握。

股权个量即每一个股权激励对象获得的股权数量。通常来说，上市公司中任何一名激励对象获受的本公司股权累计不得超过公司股本总额的 1%；高级管理人员个人股权激励预期收益水平，应控制在其薪酬总水平的 30% 以内。但非上市公司则可以根据公司经营情况灵活掌握相关比例。

5. 确定资金来源

即确定激励对象购买股票（股份）的资金来源。资金来源一般包括员工现金出资、公司历年累计公益金、福利基金、公司或大股东提供融资和员工用股权向银行抵押贷款等。这几种方式都好操作，但其中有些方式会产生财务支出，可能需要重复交税。公司多采用员工以现金出资购买的方式，直接从工资中按比例扣钱。

6. 确定激励时间

确定激励时间，包括：股权授予日、有效期、等待期、可行权日及禁售期等。如果选择股票期权作为激励工具，通常可约定为：股票期权首次授予之日起满 12 个月为等待期，激励对象应当在等待期满后未来 36 个月内分三期匀速行权（即每期行使三分之一权益），每一个行权周期为 12 个月。该次股票期权的有效期为等待期与三轮行权期之和，即激励对象需在被授予股票期权之日起四年内按规定时间和比例行权，有效期满后未行权的股票期权作废，由公司注销。公司可规定激励对象在离职后一定期间内（即禁售期，通常为半年）不得转让其所持有的公司股份。如果属于限制性股票，则需要约定相应的限制条件，比如，持股人员必须在公司服务满一定年限，满足条件后可以以一定价格转让其所持股份，退出持股计划。服务年限可以根据持股人员岗位的重要性以及与公司发展的密切程度区别规定，短期可为 3~5 年，长期可为 10 年或以上。

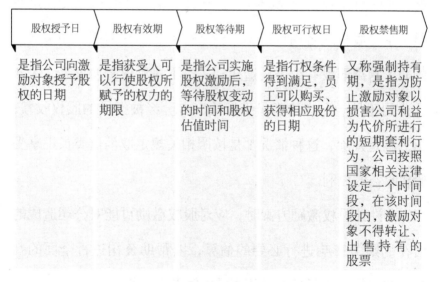

股权授予日	股权有效期	股权等待期	股权可行权日	股权禁售期
是指公司向激励对象授予股权的日期	是指获受人可以行使股权所赋予的权力的期限	是指公司实施股权激励后，等待股权变动的时间和股权估值时间	是指行权条件得到满足，员工可以购买、获得相应股份的日期	又称强制持有期，是指为防止激励对象以损害公司利益为代价所进行的短期套利行为，公司按照国家相关法律设定一个时间段，在该时间段内，激励对象不得转让、出售持有的股票

图 7-9　确定激励时间的相关日期

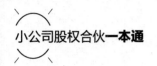
7. 确定股权的获受条件和行权条件

获受条件是指激励对象获受股权时必须达到或满足的条件，主要与激励对象的业绩相关，只要激励对象的业绩考核达到要求，公司就授予其股权，反之则不授予。行权条件指激励对象行使权益的条件。股权激励计划通常规定公司业绩和激励对象业绩同时满足一定条件方可视为行权条件成就。

8. 确定退出机制

退出机制是对员工退出激励方案的一些约定，包括三种情况：第一种是员工正常离职，公司往往会按照合同继续让这些员工享受股权或者期权；第二种是员工非正常离职，如果员工的非正常离职没有给公司造成损失，不违反保密协议等，大部分公司还是能允许这类员工继续享有已经被授予的股权收益；第三种是开除，这种情况都是按照相关规定取消这类员工享受股权收益的权利。

在设计股权激励方案时，应对股权激励可能对公司造成的潜在的财务影响进行必要的估算，以帮助公司进行全面的判断，并对员工离职时所涉及的股权做出明确约定。

7.4.3　股权激励方案的优化

1. 注意实施的对象与环境

尽管股权激励是一种比较有效的长期激励机制，但却不能"包治百病"，制定股权激励方案时也不能套用其他公司的方案，必须综合考虑公司的多方面因素，谨慎、科学地设置并实施。同时，股权激励也有一定的生命周期，在宏观环境、政策环境变化时应做出恰当的调整。

2. 在使用中要注意合理性与配合性

公司可以运用的激励手段有很多种，对处于不同位置的员工合理使用或综合使用不同的激励手段才是制胜法宝。比如，对于经理人可以主要使用股权激励，对于核心管理人员、技术骨干可以主要使用限制性股票，对于销售部门的关键员工可以使用限制性股票及业绩股票，对于普通员工则可以主要使用员工持股计划等。

3. 结合目标管理与绩效考核

小公司的合伙人需要明确的是：股权激励虽然有效，但也不过是一种工具，使用目的是公司健康有序地发展。因此，股

权激励不能脱离公司的实际情况，必须结合公司所要达成的目标以及据此制定的考核方法来设计和兑现，才可能取得良好的效果。

4. 既要保证稳定性又要保证灵活性

所谓稳定性，指的是激励制度的实施必须是长期而稳定的，如果不能坚持就会对公司政策的权威性产生一定影响，严重的话，员工甚至对公司失去信任，造成人心浮动的后果。

所谓灵活性，指的是在具体的实施过程中，可以根据激励对象、环境以及时间的变化而变化，或是变化激励工具，或是改变激励手段的组合方式，总之，要确保实施的激励措施能够得到切实、有效的应用，达到良好的效果。

5. 注意创新

创新是公司发展的灵魂，存在于公司发展的各个环节之中。股权激励工具是从实践中创造出来的，不可能一直适应不断发展变化的公司实际情况，所以要不断在实践中改造、创新；每一种激励工具都有可继续完善之处，绝对成熟、绝对完善的激励工具是不存在的，所以，激励方案绝不能只模仿而不超越，而要不断地进行优化。

第 *8* 章
小公司股权设计的常见风险与防范

8.1　股权设计常见的法律风险及防范

　　股权设计对公司来说特别重要，其内容不只涉及简单的股权比例问题，还涉及以其为基础展开的股东权利、股东会、董事会职权和议事规则等，关系到公司的经营规模、科学决策和发展方向等。

8.1.1　股权配置不当引起的法律风险及防范

　　合伙人依据各自对于公司的贡献度确认其在公司中的地位、

股权权利，以及需要承担的义务和责任。在实践中，股权配置
不当会带来一定的法律风险。

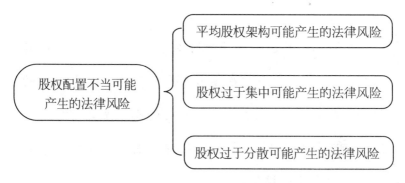

图 8-1　股权配置不当引起的法律风险

1. 平均股权架构可能产生的法律风险

平均股权架构是指公司大股东持有的股份比例完全相同或
接近，没有其他股东，或其他股东持有的股权比例非常小。这
种股权设计形式看似公平，任何一方都不具有绝对优势，可以
彼此牵制和制约，其中却蕴含着巨大的法律风险。

案例一：甲公司只有两个股东，双方各占 50% 的股
份。按照《公司法》规定，股东会决议应当经代表过半
数表决权的股东同意才有效。两个股东意见相左，互不
相让，导致公司无法形成任何决议，经营活动受到严重
影响。

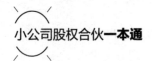
小公司股权合伙一本通

这种股权布局导致公司出现僵局，无法做出决策，公司的利益必然受损。

案例二：乙公司为有限责任公司，有A、B、C股东三人，A、B两个股东各占45%的股份，C占10%的股份。A、B一旦意见不同，则C的态度至关重要。A、B均试图与C结盟，结果C虽持有最少的股份，却成为公司的实际控制人。

一般情况下，股东的收益权和控制权均与其所持股份相对应，即股份越多，收益权和控制权越大。案例二中三个股东的控制权与收益权失衡，C的股份少，收益权比A、B小很多，难免会滥用自己手中的控制权谋取私利，这种行为无论对公司利益还是其他股东的利益都可能造成损害。

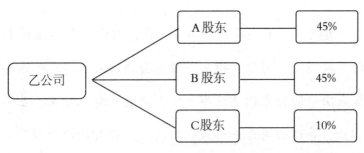

图8-2　乙公司股份占比情况

为了避免平均股权架构可能产生上述法律风险，公司合伙人可以决定不完全采用"按出资比例享有表决权"的方式，在公司章程中约定扩大或缩小某个股东或某类股东代表的表决权以防范风险。

2. 股权过于集中可能产生的法律风险

小公司创始人的个人素质和智慧对于公司的发展具有至关重要的作用，这也是本书一直强调要确保创始人对于公司控制权的原因。但随着公司规模的不断扩大，如果股权过于集中于创始人，这种股权结构的弊端也会逐渐显现，合伙人对此应当保持警惕。

市场风云变幻、纷繁复杂，在一股独大的情形下，仅凭创始人个人的主观判断，公司决策难免会出现失误的情况，公司面临的风险也会随着公司实力的增强而增大。

在创始人强势把持公司的情况下，其他合伙人没有话语权，会逐渐失去参与公司经营管理的意愿。董事会、监事会中的多数董事、监事通常由作为大股东的创始人指定或提名，他们成为创始人的代言人，从而可能导致股东会、董事会和监事会形同虚设，缺乏制衡机制，"内部人控制"问题严重。

股权过分集中的结构模式，创始人的行为不受约束，可能

会完全按照自己的意愿支配公司，造成公司行为与个人行为混同，对公司利益和其他合伙人的利益造成无可挽回的损失，不仅不利于公司长期发展，对创始人本身也不利。

为应对股权过分集中的风险，创始人应当胸怀开阔，适当放权，尊重并信任其他合伙人，保留能够控制公司最低限度的股权即可。其他合伙人对于创始人既要尊重，也要行使监督、约束的权利。在进行股权设计时应考虑制衡机制，必要时，其他合伙人可以联合成为一致行动人对抗创始人。

3. 股权过于分散可能产生的法律风险

如果公司的合伙人众多，每个合伙人持股比例又很小，股权过于分散，同样存在一定的法律风险。持股比例较少的合伙人获利有限，对于公司的经营管理缺乏积极性，公司的经营管理决策权很可能完全由管理层掌握，一旦管理层不忠诚于公司和全体合伙人，很可能会损害公司和合伙人的利益。

股权过于分散还可能导致公司缺乏能够控制大局的合伙人，所有合伙人都希望将自己的想法落实到公司日常经营管理之中，却谁也不能说服谁。合伙人之间相互对抗、相互制约，会导致股东会难以形成有效决议。

如由于主客观原因导致公司股权高度分散，可以在公司章程中重新分配股东会和董事会的职权，约定股东会和董事会表决制度；还可以在公司章程中约定公司出现僵局时的解决对策，如选择一名德高望重、保持中立的公司元老进行裁决等。

8.1.2　"夫妻公司"的法律风险及防范

我国法律并不禁止夫妻合开公司或共同投资于一家公司，很多著名的民营企业都是由夫妻二人创立的，如李国庆、俞渝创立"当当"，盛发强、王静创立"探路者"。然而在司法实践中，"夫妻公司"的注册资本往往来源于夫妻共同财产，由夫妻二人共同享有和支配，很容易被法院认定为一人有限责任公司。法院通常会要求"夫妻公司"承担证明公司财产独立于股东个人财产的举证责任，如夫妻股东不能证明公司财产的独立性，则需承担举证不能的不利后果，即失去股东有限责任的保护，对公司债务承担连带责任。

为防范上述风险，公司在建立初期选择合伙人时应尽量回避配偶；或随着公司的发展壮大，夫妻一方应逐渐退出公司的经营管理；或在条件成熟时，及时引入其他合伙人，以避免公司因家庭关系影响而失去独立的法人资格。

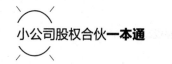

8.1.3　小股东权益受损的法律风险及防范

一般而言，提到股东权益保护主要是指对小股东权益进行保护。小股东仅持有少量股份，在公司中没有话语权，其地位、控制力、影响力均无法和大股东相抗衡，是公司中的弱势群体。有些大股东为了自身利益，会利用资本多数决策原则控制股东会，进而操纵董事会，争夺高管的任免权，随心所欲掌控整个公司。实践中，小股东权益受损的情况时有发生，不仅损害小股东的知情权、参与权、表决权与收益权，也可能导致公司声誉下降，企业形象和品牌价值大打折扣，还可能导致公司的融资能力和核心竞争力下降，以及公司的诉讼风险大大增加等。由于小股东权益受损的风险较易理解，此处不再赘述。

防范小股东权益受损的风险，主要有两种方法：一种是深入贯彻《公司法》的相关规定；另一种是充分利用公司章程相关条款。本节主要介绍如何运用公司章程中"可自行约定事项"保护小股东权利。

1. 斟酌确定法定代表人人选

法定代表人是依照法律规定或公司章程规定，代表法人行使职权的人。法定代表人代表公司签署法律文件，其后果由公司承担。

公司章程可以规定由代表公司执行公司事务的董事（如董事长、执行董事）或者经理担任法定代表人。股东在决定法定代表人由谁担任时，应当考虑以下因素。

（1）决策层与管理层权力的制衡。董事长代表的是股东的利益，是公司的最高领导者，与董事会其他成员一起对公司重大事项进行集体决策，一般不参与对公司具体业务的管理。经理执行股东会和董事会的决策，负责公司日常经营管理工作。实践中，董事长往往德高望重，视野开阔，经验丰富，由其担任法定代表人的情况较为常见。经理是公司管理层的代表，赋予其过大的权力很容易架空董事会和董事长，存在损害公司利益和股东权益的可能。相对于经理而言，由董事长担任法定代表人更有利于保护小股东权益。

（2）股东间控制权之争。小公司的每个股东都希望能够参与公司的运营，掌握对公司的控制权。实践中，公司法定代表人的选择，董事、监事、高级管理人员的构成，公司及法定代表人对印章的管理和对财务资料的掌控等，都是控制权的体现。利益存在冲突的股东会积极促成自己提名的人选担任董事长、经理或财务负责人，实践中，各方往往也会达成默契，比

如，各方可能会就法定代表人的人选达成一致意见，一方股东提名的人选当选董事长后，则这方股东会接受另一方股东推荐的经理人选或财务负责人人选，以避免一家独大。

（3）董事长、经理与公司的关系。如果董事长是由股东推选的公司创始人或创始团队成员，经理为来自公司外部的职业经理人，则股东会因为更了解和信任董事长，而支持他担任法人代表。如果董事长、经理中的一方不符合法定代表人任职条件或存在禁止任职的情况，例如失去民事行为能力，则只能由另一方或执行董事担任法定代表人。

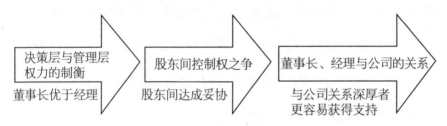

图8-3　法定代表人选任时的权衡因素

在公司章程中约定法定代表人的人选要与职位绑定，且仅限于董事长、经理和执行董事，不能锁定具体个人，避免因其恶意离职给公司造成损失。

2. 根据公司实际经营情况在法定期限内明确股东出资时间

关于有限责任公司的注册资本，本次修订的《公司法》改认缴制为限期实缴制，即设立公司时，全体股东（合伙人）认缴的出资额应当自公司成立之日起五年内缴足。股东应当在公司章程中明确规定各自认缴的出资额，并就具体出资时间在五年期限内进行约定，可选择一次性缴纳或分期缴纳出资额。股东按约定时间足额缴纳出资即完成出资义务。如股东不能按照章程的规定缴纳出资，除补齐出资外，还应当对给公司造成的损失承担赔偿责任。如果公司不能清偿到期债务，即使出资期限尚未届满，股东在公司或债权人的请求下也需提前缴纳出资。

目前《公司法》在股东出资方面的规定趋于严格，股东在商定出资时间、确定公司章程相关条款时务必要充分考虑公司经营发展规划、资金需求安排及自身现金流情况，选择能够实现多方共赢的出资方案，避免出现违约情况。

3. 尽量满足股东对于利润分配和增资认缴的不同需求

不同的股东可能会有不同的诉求，有的股东不追求权力，更看重投资收益，希望能够分到更多的红利。《公司法》规定，股东按照实缴的出资比例分配利润。但《公司法》也充分尊重股东意思自治，允许股东自行协商改变利润的分配规则。

实践中，以下几个问题值得注意。

（1）《公司法》对利润的分配对象和分配方式、分配份额等

没有做特别规定。公司可将全部或部分利润优先分配给部分股东；可以依据不同的比例对不同股东进行分配；可以优先满足部分股东对于固定比例收益的要求，剩余利润再由其余股东分配；等等。

（2）股东自行约定利润分配规则的前提是公司盈利，有可分配利润；如公司亏损则无利可分；如公司利润微薄甚至无法满足部分股东对于固定比例收益的要求，则仅能向该部分股东分配公司可供分配利润，不得随意分配非红利部分的资产。

（3）实践中，有的公司会设置优先股。优先股股权持有人可以优先于普通股股东分配公司利润和剩余财产，但需以放弃公司决策管理权为代价。《公司法》允许有限责任公司的股东自行约定股东会议事规则和利润分配规则，小公司可以就优先股制度进行有益的尝试。

（4）同等条件下股东有权优先按照实缴的出资比例认缴增资，这是增资认缴的一般原则，股东可以通过约定的方式排除此原则性规定。

（5）《公司法》并未要求公司章程必须体现股东关于利润分配和增资认缴约定的内容。在实践中既可以在公司章程中体现，也可以由全体股东以其他方式如股东协议进行约定。但在公司章程中做好规定确实是最为稳妥的做法。

4. 慎重商定股权转让条件

《公司法》对于有限责任公司股权转让的条件做出了一般性规定，如股东向非股东转让股权，应书面通知其他股东股权

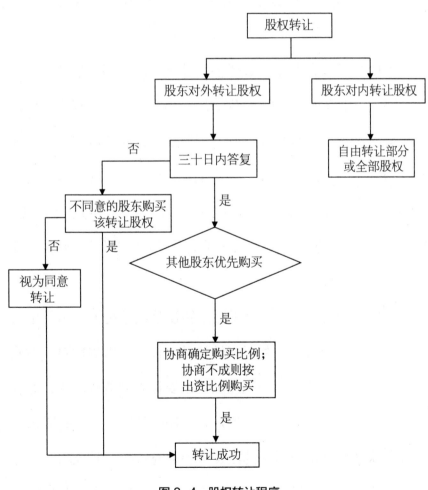

图 8-4　股权转让程序

转让事项。其他股东应及时表达意见，如接到书面通知之日起满三十日未答复，则视为同意转让。不同意的股东应当购买该股权，不购买则视为同意转让。同等条件下，其他股东有权优先购买股权，两个以上股东主张优先购买的，应协商确定购买比例；协商不成的，按照转让时各自的出资比例行使优先购买权。

有限责任公司股东人数不多，彼此了解、相互信任，具有一定的封闭性和较强的人合性。股东间互相转让股权不会引入"新人"，故无须其他股东同意；当股东对外转让股权时，会破坏公司的封闭性，"新股东"很可能不受欢迎，故赋予其他股东优先购买权，以排除"新股东"进入。同时，为公平起见，《公司法》要求此类优先购买应是基于"同等条件"，避免"新股东"的正当权益受到损害。

新修订的《公司法》对于股东转让股权时是否已履行出资义务给予了重点关注。如股权转让时尚未到达出资期限，即原股东并未实际出资，则期限届满时由受让人缴纳该出资；如受让人未能按照公司章程约定的期限足额缴纳出资，则原股东对受让人未按约定期限缴纳的出资承担补充责任。股权的转让方和受让方应就此问题进行充分协商，达成一致意见，避免股权转让后、出资期限届满时产生纠纷。若股东未按照公司章程规定的出资日期缴纳出资，或者股东以非货币财产出资，但其实际价额显著低于所认缴的出资额，此两种情况下股东转让股权，由转让人与受让人在出资不足的范围内承担连带责任。受让人为善意，即不知道且不应当知道存在上述情形，则由转让股权的股东承担补齐出资的责任。

《公司法》允许公司章程对股权转让另行规定，股东应当将转让股权事宜书面通知公司，并请求公司变更股东名册。公司有义务将股东股权转让信息进行公示。只要在公司章程中对股东转让股权的规则做出明确约定，即可排除《公司法》的规定。实践中，股东如果相互间信任程度较高，可以约定简化转让程序，例如无须通知；股东也可以约定更严格的转让程序，甚至限制部分股东对外转让股权。

公司发起人应向全体股东重点提示，股权转让条款与公司发展及每个人的利益息息相关，务必进行充分的磋商，在公司章程中明确股东转让股权以及退出的程序规则。

5. 明确对外投资及对外担保的决策权

《公司法》没有禁止公司对外投资及担保，但要求公司不得对所投资企业的债务承担连带责任，有关对外投资及担保的决

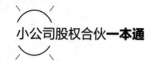

策权则授权公司章程进行规定。

　　股东可以通过公司章程将决策权赋予董事会或股东会，公司章程还可以对投资或者担保的总额及单项投资或者担保的数额进行限制性规定。由于对外投资及担保均存在一定程度的风险，很可能对股东权益造成重大影响，故章程首选是规定由股东会决议通过。特殊情况下，若股东对董事会充分信任，也可将决策权授予董事会行使。

　　《公司法》对于"为公司股东或实际控制人提供担保"的情况做了更为严格的规定，应当经股东会决议，相关股东不得参加表决，且需取得出席会议的其他股东所持表决权过半数同意方可通过。

　　有关对外投资及担保决策权的规定采取何种形式、在公司章程的哪一部分体现可以由股东自由商定。实践中，有的公司将其列在股东会职权或董事会职权之下，也有的公司将对外投资及担保问题单列一条进行阐述。无论采取何种形式，都应注意内容完整，不能遗漏决策机构、表决规则和投资限额等。

　　6. 在股东会职权及议事规则方面充分发表意见

　　《公司法》对股东会的职权进行了列举式规定；并就诸如修改公司章程，增减注册资本，公司合并、分立、解散或者变更公司形式等特别重要的决议规定了需经代表三分之二以上表决权的股东通过的议事规则。除此以外，股东可以就增设股东会职权、股东会召集程序、股东表决权、议事方式和表决程序等问题自行协商，并将协商结果体现在公司章程中。

小股东要抓住机会，充分表达自己的利益诉求，如联合起来争取增设对小股东有利的股东会职权；优化表决权制度，增加对公司经营管理活动中特别事项的一票否决权；允许部分股东以让渡部分表决权的方式换取更多收益权等。

《公司法》尊重公司自治和股东自治，这两种自治主要通过公司章程中的自治条款实现。但小股东在争取自身利益的过程中要注意公司章程自治的边界，包括不能突破《公司法》强制性规范的内容，避免制定与《公司法》立法精神相抵触的条款，以及非必要不调整《公司法》的规定等。

7. 明确董事的任期及董事长、副董事长的产生办法

有限责任公司的章程可自行规定董事的任期，注意不要突破《公司法》规定的三年上限，任期届满可连选连任。董事长、副董事长的产生办法则完全由公司章程规定，可以由全体董事选举产生，也可以由股东会确定人选，还可以由特定股东推荐产生。副董事长可有可无，可以设一位也可以设多位。

董事会也是股东争夺公司控制权的场所，董事会决议的表决实行一人一票制，故董事长、副董事长的人选对于分属不同利益阵营的股东至关重要。从保护小股东利益的角度出发，公司章程最好能约定由股东会选举董事长和一至两名副董事长，既能制衡董事长，避免其一家独大，又能避免多名副董事长联手架空董事长，小股东可联合起来直接行使选举权。在公司章程规定董事长和副董事长由董事选举产生的情况下，小股东还可以通过在股东会上选举产生董事间接影响董事长和副董事长的选任。

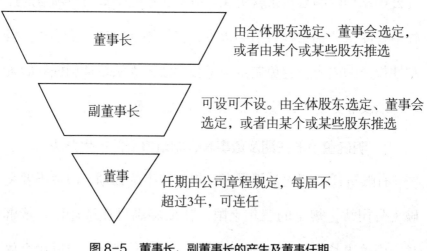

图 8-5　董事长、副董事长的产生及董事任期

8. 在章程中明确股东会对董事会的授权和限制

董事会成员由股东会选举产生。董事会对股东会负责，是股东会决议的执行机构。在董事会法定职权之外，股东会可以通过公司章程对董事会的职权进行扩充或限制。扩充职权体现了股东会对董事会的信任和授权，限制决策事项则体现了股东会对于公司经营和风险控制的谨慎态度。董事的表决权在《公司法》中已明确规定，不考虑持股比例一人一票。董事会的议事方式和表决程序则由公司章程进行规定。

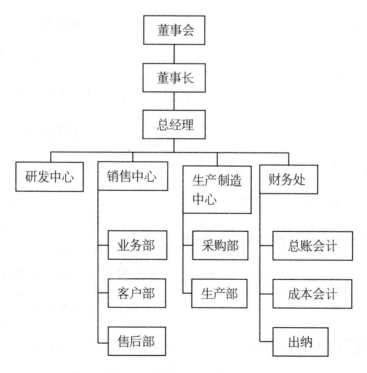

图 8-6　常见小公司组织架构

除股东会和董事会各自法定职权外，《公司法》对于公司其余一般事项未做干涉，均可由股东协商，通过公司章程在公司各机构间授权和分配。

9. 明确经理职权

经理由董事会决定聘任或解聘，对董事会负责。《公司法》对于经理的职权列举了七项，董事会可以授予经理其他职权。此外，公司章程可以对经理职权另作规定以对抗前述职权，该条款充分体现了公司自治原则。

经理负责公司的生产、经营与管理工作，需要股东会及董事会的充分信任和授权，灵活机变，但也要警惕经理一意孤行、过于激进，将公司置于风险之中。股东会、董事会对经理采取何种策略进行制衡取决于各方力量对比，还受到公司内外部多种因素的影响，股东要选择对公司最合适的操作，并通过公司章程确认、落实即可。

10. 谨慎处理股东资格继承问题

前文已提到，有限责任公司具有较强的人合性，股东对于合作伙伴的家庭成员往往也有一定了解。《公司法》从维持公司股权架构稳定、保护股东合法继承人权益的角度出发，允许继承人在自然人股东死亡后继承其股东资格。制度设计的初心是好的，但实践中可能出现以下问题。

　　自然人死亡后，如无遗嘱，则按照法定继承顺序继承。股东资格将由其配偶、父母、子女等第一顺序继承人共同继承。由于股东人数增加，且继承人对公司业务不熟悉、未必具有股东所需的管理水平和能力，与其他股东的经营理念也可能存在较大差异，会对公司经营决策造成不利影响，甚至形成公司治理僵局。如果死亡股东没有第一顺序继承人或第一顺序继承人放弃继承，其股权将由第二顺序继承人即兄弟姐妹、祖父母、外祖父母继承，股权继承叠加转继承、代位继承等问题，将导致公司股权分配、经营决策矛盾更加难以调和。

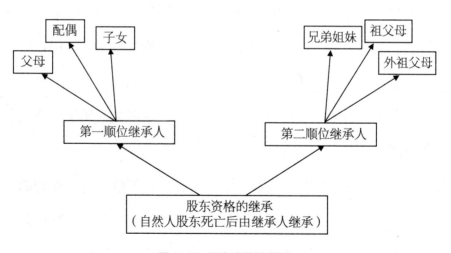

图 8-7　股东资格的继承

基于存在上述动摇股东合作基础的情况，《公司法》以"股东资格可由合法继承人继承"为一般情况，增加了例外情况，允许股东在公司章程中载明是否同意继承人继承股东资格。实践中，股东应慎重处理"股东资格继承问题"，可以考虑由股东立遗嘱指定具体的继承人继承股东资格，排除法定继承的适用，该继承人最好能够得到其他股东的认可。公司章程还可以规定，如果被指定的继承人先于股东死亡的，股东资格不得再被继承。

11. 在公司章程中补充约定公司解散事由

公司解散的原因以是否出于股东意愿为标准，可分为自愿解散与强制解散。强制解散不属本书讨论范围，此处不赘述。自愿解散包括两种情况，一种是由公司章程预设解散事由，包括营业期限届满和章程规定的其他解散事由出现，是一种事前约定；另一种是在经营过程中由股东会决议解散，属于事后达成解散的合意。

公司因营业期限届满解散或股东会决议解散是比较理想的状态。实践中，有的公司经营管理出现严重问题，继续存续会使股东利益遭受重大损失，股东想依据《公司法》向人民法院申请解散公司，需持有代表公司表决权百分之十以上的股份，较难实现。

作为公司的所有权人，解散公司必然是股东面对权益损失的无奈之举。通过公司章程补充约定公司解散事由能够简化流程、提高效率、帮助股东及时止损，同时也能够减少诉讼、节约司法资源。

但是，股东在考虑预设解散事由时一定要慎之又慎，尽量维持正常经营活动，除非迫不得已，非必要不解散，以防止该事由被部分股东滥用，恶意解散公司，损害公司及全体股东的权益。

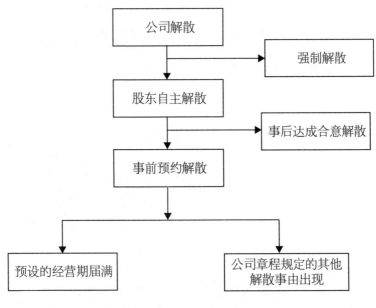

图 8-8　公司解散

12. 在章程中详细规定执行董事的职权

对于股东人数较少和规模较小的有限责任公司，可以不设董事会，而是设立一名执行董事，执行董事可以担任法定代表人，可以兼任公司经理。执行董事手握重权，对于公司发展至关重要，股东一定要慎重选择合适的人担当此重任，同时在章程中对执行董事的职权做出细致的规定。

13. 在公司章程中扩大监事及监事会的职权

有限责任公司的监事对董事、高管执行公司职务的行为有权进行监督和纠正，是公司利益和股东利益的保护者。监事会应当包括股东代表和适当比例的公司职工代表，公司章程可以规定职工代表的具体比例，还可以授予监事及监事会更多职权，以使其更好地履行职责。

8.2　股权设计常见税务风险及防范

对于小公司来说，最好能够在创业初期进行股权架构设计时就将税收问题纳入考虑范围。小公司的合伙人在不同时期加入，每个人对公司的投入都不一样。未来公司上市时如何实现合理避税、实现收益最大化是非常值得合伙人关注的问题。

1. 拟上市公司的税务问题

很多公司的实际控制人和控股股东在公司上市前都会思考一个问题：自然人持股上市和控股公司持股上市，孰优孰劣？其实两种持股形式对实际控制人和控股股东的控制权并无影

响，但是会对所得税的计算有所影响。

合伙人在公司股价由 1 元上升到 100 元的过程中转让股份，增值部分需要缴纳个人所得税（符合特定条件可能享受税收优惠）。公司上市后出现股权变更，会对股权转让带来的增值进行评估，需缴纳企业所得税。所以最好在上市前将公司股权架构确定下来，上市后尽量减少股权变动。

合伙人如果计划在公司上市后变现，则最好采用自然人直接持股模式，方便退出，且在转让股票时仅需缴纳个人所得税。如果采用设立控股公司持股上市模式，则控股公司需缴纳企业所得税，股东还需缴纳个人所得税，实际税负有所增加。如果合伙人拟长期持有上市公司股权，可采取"自然人—控股公司—拟上市公司"三层股权架构。根据《中华人民共和国企业所得税法》规定，居民企业间的股息、红利等权益性投资收入可以享受免税待遇。

对于具有较高增值空间的拟上市公司，尤其是互联网公司而言，几位自然人股东成立有限合伙企业持股比较常见。合伙企业不需缴纳企业所得税，仅由合伙人缴纳个人所得税，相对于成立持股公司（公司和股东双重缴税）而言税负较轻，且可能享受一定的税收优惠政策。而且，有限合伙企业集中了公司原有的股东合伙人，能够避免股权分散带来的治理问题；同时，公司创始人可作为普通合伙人掌握控制权，合伙人进出也可以通过合伙协议进行约定，比较方便。此外，如果公司对员工进行股权激励的同时，又担心员工直接持股会稀释股权，也可以设立有限合伙企业作为持股平台，这样则容易掌握公司的控制权，管理机制和利润分配也比较灵活。

2. 股权转让中的税务问题

公司（居民企业）处置权益投资时，应充分利用"符合条件的居民企业之间的股息、红利等权益性投资收益为免税收入"政策，采取"撤资"或"先分红后转让"的方式处置权益投资，则可以合理避税。公司如撤资必须符合《公司法》关于减少注册资本的有关规定。

股权转让是"股权设计"中常见的环节，也是出现税务问题的高发点。合伙人（自然人）转让股权或撤回投资应依法缴纳个人所得税，如果合伙人转让股权，收取转让费后采取欺骗、隐瞒手段进行虚假纳税申报或者不申报，逃避缴纳税款的数额较大，需承担"逃税罪"刑事责任，并处罚金。公司的合伙人转让股权时，还要注意股权转让的价格不能明显偏低。

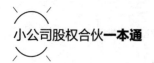
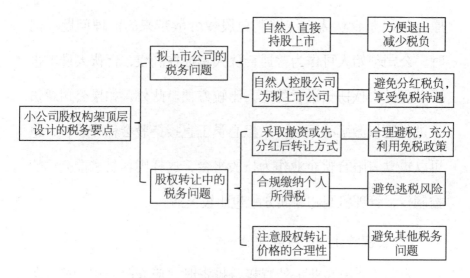

图 8-9　小公司股权设计常见税务风险

案例三：2022 年 10 月，李女士以现金 1000 万元创办一家建筑公司。2023 年 4 月，李女士与张先生签订股权转让协议，协议约定"李女士以 900 万元的价格将公司 100% 股权转让给张先生"。截至转让前，建筑公司的所有者权益为 1500 万元，其中注册资本为 1000 万元，未分配利润和盈余公积为 500 万元。

<该股权转让涉税风险分析>

税务机关认为该项股权转让价格明显偏低且无正当理由，导致计税依据同样明显偏低，依法对该项交易的

计税依据重新进行核定，核定依据按照所有者权益 1500 万元计算。则该项股权转让所得为：1500（万元）- 1000（万元）=500（万元）。应缴纳个人所得税为：500（万元）×20%=100（万元）。

假设本案例的转让价格为 1200 万元，则应缴纳个人所得税为（1200-1000）（万元）×20%=40（万元），而税务机关认为转让价格低于对应净资产份额，核定计税依据 1500 万元，即也应缴纳个人所得税 100 万元。

下面是某房地产企业自然人股东转让股权的涉税风险分析。

案例四：张山持有 A 房地产公司 60% 的股份，2022 年 10 月他将股份转让给王亮，转让价款为 600 万元。转让前 A 公司的所有者权益为 800 万元，其中注册资本为 1000 万元，未分配利润为 -200 万元。A 公司账面上有预收房款 2000 万元。张山申报个人所得税的财产转让所得为 600（万元）-600（万元）= 0。理由是按照对应的 A 公司净资产份额为 480 万元，而转让价格为 600 万元，并不低于占有 A 公司账面净资产份额。

<该股权转让行为涉税风险分析>

股权、知识产权、土地使用权、房屋、房地产企业未销售房产、探矿权、采矿权等往往蕴含着较高的隐性增值，本例中 A 房地产公司利润为负数，是因为公司的预收房款尚未结转为会计收入，一旦结转，将会产生较大的会计利润，从而提升所有者权益份额。再如张山认为自己以平价转让股权，即转让股权的价格与公司设立时价格一样，并未实现增值，不需缴纳个人所得税。但是否构成平价转让需由当地税务机关确认，税务机关将按照公司净资产核定股权转让计税额是否明显偏低。

鉴于存在上述情形，根据《股权转让所得个人所得税管理办法（试行）》（国家税务总局公告 2014 年第 67 号）第十四条第一项的规定，公司的股权、知识产权、土地使用权、房屋、房地产企业未销售房产、探矿权、采矿权等资产占公司总资产比例达到 20% 以上时，在转让股权时，主管税务机关可参照公司提供的具有法定资质的中介机构出具的资产评估报告，按照股权对应的净资产公允价值份额核定计税依据。

本案例中，假设经资产评估机构核实，A 房地产公司净资产公允价值为 3000 万元，那么张山持有股权的

转让价格应核定为 3000（万元）×60%=1800（万元），
财产转让所得 =1800（万元）-600（万元）=1200（万元），应缴纳个人所得税为：1200（万元）×20%=240（万元）。

《股权转让所得个人所得税管理办法（试行）》第十三条规定了四种情况，如果股权转让收入明显偏低，但只要符合这四种情况中的一种，就可视为有正当理由：（1）能出具有效文件，证明被投资企业因国家政策调整，生产经营受到重大影响，导致低价转让股权；（2）继承或将股权转让给其能提供具有法律效力身份关系证明的配偶、父母、子女、祖父母、外祖父母、孙子女、外孙子女、兄弟姐妹以及对转让人承担直接抚养或者赡养义务的抚养人或者赡养人；（3）相关法律、政府文件或企业章程规定，并有相关资料充分证明转让价格合理且真实的本企业员工持有的不能对外转让股权的内部转让；（4）股权转让双方能够提供有效证据证明其合理性的其他合理情形。

参考著作与文献 >>>

［1］谢炎．合伙人股权设计［M］．北京：中国商业出版社，2022．

［2］臧其超．中小企业股权设计一本通［M］．广州：广东旅游出版社，2019．

［3］罗中赫．合伙人制度［M］．北京：中国纺织出版社，2023．

［4］李芊柏．股权激励与合伙人制度落地［M］．北京：中国致公出版社，2020．

［5］张哲鸣．股权激励：从入门到精通［M］．北京：中国商业出版社，2019．

［6］臧其超．小公司股权合伙全案［M］．北京：中国经济出版社，2020．

［7］单海洋.非上市公司股权激励实操手册［M］.北京：中信出版集团，2017.

［8］曹兴权.公司立法中的中小公司优先主义［J］.社会科学家，2022（4）.

［9］肖盛.股权激励在中小企业的实践探索［J］.财经界，2023年（3下）.

［10］荣冀川，贾霄燕.科技型中小企业区域性股权市场融资法治保障研究［J］.河北法学，2023（5）.

［11］贾紫瑶.非上市公司股权激励案例分析［J］.合作经济与科技，2023（7）.

［12］王威.股权激励方案在非上市公司运用方面的影响因素以及设计研究法制博览［J］.2023（21）.